国家社会科学基金项目研究报告

经济管理学术文库·管理类

网络化背景下青少年社会认同的研究

Research on Adolescents' Social Identity under the Background of Network

靳宇倡／著

经济管理出版社

图书在版编目（CIP）数据

网络化背景下青少年社会认同的研究/靳宇倡著. —北京：经济管理出版社，2018.8
ISBN 978-7-5096-5941-0

Ⅰ.①网… Ⅱ.①靳… Ⅲ.①青少年—社会认知—研究—中国 Ⅳ.①D669.5

中国版本图书馆 CIP 数据核字（2018）第 179504 号

组稿编辑：杨国强
责任编辑：杨国强 张瑞军
责任印制：黄章平
责任校对：张晓燕

出版发行：经济管理出版社
（北京市海淀区北蜂窝 8 号中雅大厦 A 座 11 层 100038）
网　　址：www.E-mp.com.cn
电　　话：(010) 51915602
印　　刷：三河市延风印装有限公司
经　　销：新华书店
开　　本：720mm×1000mm/16
印　　张：11.75
字　　数：152 千字
版　　次：2018 年 8 月第 1 版　2018 年 8 月第 1 次印刷
书　　号：ISBN 978-7-5096-5941-0
定　　价：68.00 元

·版权所有　翻印必究·

凡购本社图书，如有印装错误，由本社读者服务部负责调换。
联系地址：北京阜外月坛北小街 2 号
电话：(010) 68022974　邮编：100836

目 录

引 言 ·· 1
    一、国内外研究现状 ·· 1
    二、研究的主要内容 ·· 3
    三、研究框架 ·· 4
    四、研究的意义 ·· 5

第一章 青少年微信使用强度对社会认同的影响 ················ 7
  第一节 问题的提出 ·· 7
  第二节 相关概念的界定 ······································ 11
    一、认同 ··· 11
    二、社会认同 ·· 12
    三、社会比较 ·· 13
    四、社会比较与社会认同 ·································· 15
    五、社交网站使用与社会比较 ······························ 17
    六、研究价值 ·· 18
  第三节 研究设计与方法 ······································ 20
    一、被试 ··· 20
    二、研究工具 ·· 21

三、程序及数据处理 ………………………………………… 23
四、共同方法偏差的控制与检验 …………………………… 24
第四节 数据分析 …………………………………………………… 24
一、青少年微信使用一般状况 ……………………………… 24
二、相关分析 ………………………………………………… 26
三、中介作用检验 …………………………………………… 26
第五节 讨论 ………………………………………………………… 27
一、微信使用强度与社会认同的关系 ……………………… 27
二、社会比较倾向的中介作用 ……………………………… 28
三、研究意义和不足 ………………………………………… 29
第六节 结论 ………………………………………………………… 31

第二章 网络使用与物质主义对青少年身份地位认同影响研究 ……… 33

第一节 绪论 ………………………………………………………… 34
一、研究背景 ………………………………………………… 34
二、研究价值 ………………………………………………… 35
三、研究的主要内容 ………………………………………… 36
四、研究设计 ………………………………………………… 37
第二节 文献综述 …………………………………………………… 41
一、相关概念辨析 …………………………………………… 41
二、青少年网络使用现状的相关研究 ……………………… 44
三、物质主义价值观的相关研究现状 ……………………… 45
四、青少年工作价值观的研究现状 ………………………… 48
第三节 研究结果分析 ……………………………………………… 50
一、样本结构分析 …………………………………………… 50
二、量表实际测量的信度分析 ……………………………… 51

三、量表的总体特征 …………………………………………… 52
四、个体差异分析 ……………………………………………… 54

第四节 相关分析 ……………………………………………………… 57
一、网络使用与物质主义的关系研究 ………………………… 57
二、物质主义与目的性工作价值观关系研究 ………………… 59
三、网络使用与目的性工作价值观的相关分析 ……………… 60
四、结果总结 …………………………………………………… 62

第五节 中介作用检验 ………………………………………………… 63

第六节 总结与展望 …………………………………………………… 64
一、研究结论 …………………………………………………… 64
二、研究不足与展望 …………………………………………… 65

第三章 网络化时代青少年专业认同调查研究 …………………… 67

第一节 问题提出 ……………………………………………………… 68
一、研究背景 …………………………………………………… 68
二、研究价值 …………………………………………………… 69

第二节 文献综述 ……………………………………………………… 72
一、相关概念的界定 …………………………………………… 72
二、国内外研究现状 …………………………………………… 75

第三节 研究设计和方法 ……………………………………………… 78
一、研究目的 …………………………………………………… 78
二、研究内容 …………………………………………………… 78
三、本书的假设 ………………………………………………… 79
四、本书的被试 ………………………………………………… 79
五、研究工具 …………………………………………………… 81
六、数据分析 …………………………………………………… 82

第四节　统计结果与数据分析 ·········· 83
一、大学生专业认同的总体情况 ·········· 83
二、大学生专业认同的多元方差分析 ·········· 84
三、大学生专业认同在性别水平上的差异 ·········· 87
四、大学生专业认同各个维度的相关分析 ·········· 87
五、学前教育专业职高生专业认同的总体情况 ·········· 88
六、学前教育专业职高生专业认同的多元方差分析 ·········· 89
七、学前教育专业职高生专业认同在性别水平上的差异 ·········· 92
八、学前教育专业职高生专业认同各个维度的相关分析 ·········· 93

第五节　讨论 ·········· 94
一、大学生被试专业认同状况及其影响因素 ·········· 94
二、学前教育专业职高生被试专业认同状况及其影响因素 ·········· 95
三、大学生专业认同与职高生专业认同的差异性 ·········· 96
四、本书不足与未来深入研究方向 ·········· 97

第六节　建议 ·········· 98
一、对大学生专业认同的建议 ·········· 98
二、对职高生专业认同的建议 ·········· 99

第四章　网络化时代青少年婚恋价值观的影响因素研究 ·········· 103

第一节　引言 ·········· 103
一、社会认同的含义及特点 ·········· 103
二、青少年婚恋观的含义及特点 ·········· 105
三、研究现状 ·········· 107

第二节　研究设计与方法 ·········· 115
一、研究工具 ·········· 115
二、研究对象 ·········· 116

  三、研究方法 …………………………………………………… 118

  四、研究目的和研究内容 ……………………………………… 118

  五、研究假设 …………………………………………………… 118

 第三节　结果 ………………………………………………………… 119

  一、《高中生婚恋观调查问卷》的修订 ……………………… 119

  二、青少年婚恋观认同度的比较 ……………………………… 121

  三、人口统计学变量对青少年婚恋观各维度的影响 ………… 122

  四、基于多元线性回归分析性爱抉择观、恋爱动机的

    影响因素 …………………………………………………… 126

 第四节　讨论及对策 ………………………………………………… 127

 第五节　研究不足与展望 …………………………………………… 129

结　语 ………………………………………………………………… 131

  一、互联网引发深刻的社会认同变革 ………………………… 131

  二、互联网时代青少年社会认同的阻力 ……………………… 132

  三、提升互联网时代青少年社会认同的对策建议 …………… 133

附　录 ………………………………………………………………… 135

参考文献 ……………………………………………………………… 159

引 言

一、国内外研究现状

(一) 网络化时代青少年行为的研究

网络是继报纸、广播、电视之后的"第四媒体",正在深刻地影响和改变着人们的认知及行为方式,人们依共同的兴趣和价值观维持着人际关系、群体资格及社会认同,使用互联网通信已成为当今年轻人生活中非常重要的一部分。目前,Facebook 用户达到 6 亿多,QQ 中国用户达 6.37 亿,新浪微博用户 2.5 亿(人民网)。随着社交网站的蓬勃发展,研究者开始关注社交网站对青少年行为的影响(Ellison,2007;Zhao,2008;Subrahmanyam,2008;Pempek,2009)。

David 等(2009)研究发现,网络上的大量信息,如博客、论坛、聊天等都是现实社会的人或组织行为在网络空间的映射,网络数据可用来分析个人和群体的行为。国内研究者多从网络对青少年社会行为的影响进行研究(唐冰寒,2015;王伟、王兴超、雷雳和付晓洁,2017),也有对青年网络政治参与进行专门研究(陆士桢,2014),还有从传播学的视角研究社交网站对青少年的影响(谢若荥,2015)。网络对青少年深层次的社会心理影响关注较少,即网络对青少年社会认同的影响、传统社会认同和网络影响下的社会认同的差异等问题,都是当下需要重点研究的课题。

(二) 社会认同的研究

社会认同理论的奠基者泰弗尔（Tajfel）及特纳（Turner）最初对社会认同定义为"个体知晓他／她归属于特定的社会群体，而且他／她所获得的群体资格会赋予其某种情感和价值意义"（Turner，1982）。社会认同包括社会类化（Social Categorization）、社会比较（Social Comparison）、社会认同化过程（Social Identification）和认同解构（Disidentification）。社会认同理论认为个体通过社会分类，对自己的群体产生认同，并产生内群体偏好（In-group Favoritism）和外群体偏见（Out-group Derogation）。个体通过实现或维持积极的社会认同来提高自尊，积极的自尊来源于内群体与外群体的有利比较（张莹瑞、佐斌，2006）。

社会认同理论经历了泰弗尔的开创阶段、"自我类化理论"（Self-categorization Theory）和"最优特质理论"（Optimal Distinctiveness Theory）三个阶段后，研究者试图将各种理论进行整合，Ashmore（2004）从组织的视角对社会认同进行多维分析，认为社会认同包括自我类化、群体评价及重要性、归属、社会嵌入、行为涉入等要素。Zomeren（2008）等综合三种社会心理学的定量研究，提出集体行为模型下的社会认同理论。

我国对于社会认同的研究主要是对社会认同理论的介绍（张莹瑞、佐斌，2006；李友梅，2007）以及实证的研究（方文，2008；张文宏、雷开春，2009；张静，2010），研究对象以转型期农民工和白领移民为主，侧重研究我国城市化进程中或转型时期部分人群的身份认同。

网络化时代青少年的社会认同逐渐作为一个"热点"问题引起学术界的关注。但就以上看，有关网络时代青少年社会认同的研究大多还停留在理论探讨的阶段，缺乏定量数据的证实，没有足够的证据证明网络对青少年的社会认同是否真的存在，如果存在其影响又有多大，这些需要更加深入的实证研究。另外，目前的研究大多是宏观研究，缺乏对某一特定群体的具体研究，没有考察网络对青少年社会认同影响的内部过程和作用机制。综合上述观点，本书中的社会认同指群体内每一个成员通过自我分类与社会比较，对于某个事项或问题现象的一种共同认识和评价。本书拟从青少年的身份地位认同、专业认同、婚恋观认同等方面探讨青少年的社会认同。

基于对研究现状的反思，本书以青少年为研究对象，研究网络对这一群体成员的社会认同有哪些方面的影响及其影响的微观与宏观机制。在此基础上提出适合我国社会状况的青少年社会认同理论，更好地发挥网络的正面导向作用，为社会的和谐稳定做出应有的贡献。

二、研究的主要内容

本书通过问卷调查的研究方法探究网络在青少年社会认同过程中扮演着怎样的角色，及其内部的作用机制，并根据我国网络化时代的现状提出相应的对策，以发挥网络对大学生社会认同的作用。具体的研究内容包括：

（一）青少年微信使用强度对社会认同的影响

微信由于其在媒介化社交的诸多优势，现已成为青少年群体日常生活中不可或缺的社交工具。社会认同指涉个体通过社会分类、社会比较以及社会区分对自己所属群体产生认同，并产生内群体偏爱和外群体偏见。微信上充斥着诱使个体进行社会比较的信息，这些信息不可避免地会对个体社会认同产生负面影响。基于此，本书采用了文献收集法、问卷调查法等，研究了网络化时代青少年微信使用强度、社会比较倾向与社会认同三者的关系，并针对该问题提出了合理化的建议与对策，最后希望能给今后相关的研究提供参考依据。

（二）网络使用与物质主义对青少年身份地位认同的影响研究

当代青少年处于一个网络时代与消费文化相互交融的环境中，这样的环境对当代青少年的身份地位认同会产生影响。本书从当代青少年的网络使用以及当代青少年的物质主义程度出发，探讨当代青少年的工作目的。采取网络使用情况调查量表、物质主义量表与青少年目的性工作价值观量表，对当代青少年进行调查，探讨网络使用对青少年物质主义的影响，物质主义对青少年工作目的的影响，从而探讨青少年的身份地位认同的形成与指导。

（三）青少年专业认同与职业价值观分析的调查研究

专业认同作为影响青少年专业学习和未来就业的一个重要问题，近年来受到我国研究人员的高度重视，再加上大学生职业价值观随着大学生就业问题的加剧而变得日趋重要，所以对当代青少年专业认同的相关问题进行研究迫在眉睫。本书主要采用了文献分析法、问卷调查法等，研究了当代青少年（大学生和职业高中生）专业认同的现状及其影响因素，分别描述了大学生与职高生的专业认同现状，分析了大学生与学前教育专业职高生在专业认同方面的差异。针对研究结果对该问题分别提出了合理化的建议，希望能为今后的研究提供参考依据。

（四）网络化时代青少年婚恋观认同的调查研究

青少年婚恋观认同作为青少年社会认同的重要内容，一直是学术界研究的重点和热点。研究表明，不同的时代、不同的文化背景对婚恋观的影响不同，表现出明显的时代差异。当前青少年婚恋观正面临前所未有的挑战，传统的性别角色、性观念和婚恋观被打破，新的婚恋价值观还未被构建或者尚未成熟，处于此阶段的青少年由于身心还没有发展成熟，所以容易被一些不科学、不合理的婚恋观念侵蚀。此外，从众心理也是青少年的一大特点，处于好奇和效仿以及性道德观念淡薄等，青少年易出现性滥交以及性犯罪等违法行为，对青少年未来发展产生不利影响。

三、研究框架

本书的研究框架如图0-1所示。

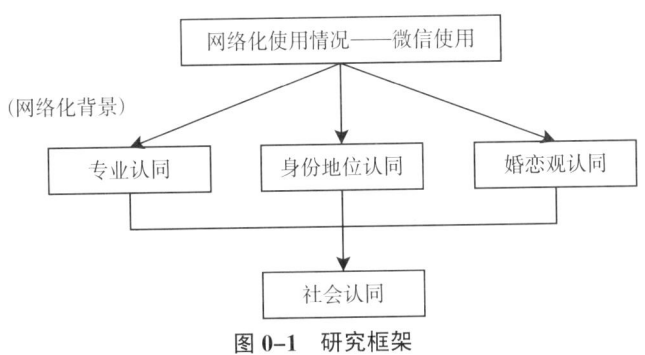

图 0-1 研究框架

本书在当前网络化背景下,通过分析网络使用情况、当前青少年普遍使用的网络社交软件微信的使用情况对社会认同的重要组成内容(专业认同、身份地位认同、婚恋观认同等)的影响及其对青少年的社会认同,并提出相应的对策建议。

四、研究的意义

(一)理论意义

网络化时代青少年社会认同的研究是社会心理学新兴的研究领域,对于其机制、效果、影响因素等诸多方面的研究不够深入和全面。本书将在这些方面进行深入探讨,希望能促进学术界对网络化时代青少年社会认同作用的理解。

(二)实践意义

(1)无论是发达国家还是发展中国家,青少年的社会认同问题都是亟待解决的现实问题。本书通过厘清网络对青少年社会认同的影响,为促进青少年的认同整合提供新的思路和方法。

(2)本书根据网络对青少年社会认同的影响为我国青少年发展政策提供建议,以最大限度地发挥网络正面导向作用。

第一章 青少年微信使用强度对社会认同的影响

微信由于其在媒介化社交的诸多优势,现已成为青少年群体日常生活中不可或缺的社交工具。社会认同指个体所接触的群体通过社会分类、社会比较以及社会区分等心理过程从而产生对自己所属群体的认同,并偏爱隶属于同一群体的个体,同时对其他群体滋生偏见。微信上供个体进行社会比较的信息比比皆是,这些信息不可避免地会对个体社会认同产生负面影响。基于此,本书采用了文献收集法、问卷调查法等,研究了网络化时代青少年微信使用强度、社会比较倾向与社会认同三者的关系。研究结果表明,青少年微信使用强度通过上行社会比较对青少年社会认同产生消极影响。研究结果揭示了微信使用强度与青少年社会认同的关系及其作用机制,深化了微信使用强度对青少年社会认同影响的研究。

第一节 问题的提出

本书的研究背景如下:

社交网站无疑是当前网络时代的热点。凯文·凯利在其论著《必然》

中对未来的科技发展做出预测，认为未来的科技发展道路将遵循"平台、共享、互动"等方面发展，而社交网站作为一个开放、共享、互动性的平台，近年来迅猛发展正是对该趋势的最佳诠释。社交网站的特点是其允许用户创建个人主页面，该页面既可以公开或者半公开，并在该页面上能够呈现与其存在关系的其他用户，与此同时个体可以方便地访问自己以及社交网站好友的各种链接（Boyd & Ellison，2007）。社交网站因其开放性、共享性等特性而被广泛使用。Facebook是国外乃至全球最有影响力的社交网站，该公司2017年的数据表明，其第二季度月活跃用户已经达到20.1亿人。国内也有种类繁多的社交网站，如微信、QQ空间等，近年微信发展尤为迅猛。微信是由腾讯公司于2011年1月底开发的手机沟通工具，一推出市场就广受热捧，此后月活跃用户以年均37%的速度增长。根据腾讯公司发布的2017年度财政报告，其2017年的用户规模已达到9亿，用户覆盖200多个国家与地区。社交网站（以微信为例）的流行是因其能够满足个体归属感、自我呈现的需要，从而具有较强的用户黏性，用户会高频率地登录和使用微信，在朋友圈发布照片、视频等信息。微信等社交网站在促进社会交往中所扮演的角色变得越来越不可忽视（Song et al.，2014；Strano & Wattai，2012）。青少年是在网络时代成长起来的一代，青少年群体作为数字原住民或者数字移民的显著代表，使用社交网站尤为普遍，并且是使用社交网站最活跃的用户群体（中国互联网络信息中心，2017）。

微信具有一系列强大的功能。比如微信能够让用户发送实时的文本或者语音信息，能够通过朋友圈与好友分享照片、文章等信息，同时朋友之间可以进行点赞、评论、转发等互动。随着网络化的发展，目前微信不仅像传统书信一样可以一对一地沟通交流，也允许个体和组织申请公众号进行一对多宣传，同时微信目前还具有支付功能。微信因其强大的功能已成为人们日常生活中不可缺少的一部分。

第一章 青少年微信使用强度对社会认同的影响

随着社交网站（以微信为例）的广泛流行，研究者逐渐开始关注其对个体心理发展和社会适应的影响。特别是社交网站使用与青少年社会认同的关系。社会认同指个体所接触的群体通过社会分类、社会比较以及社会区分等心理过程从而产生对自己所属群体的认同，并偏爱隶属于同一群体的个体，同时对其他群体滋生偏见（张莹瑞、佐斌，2006）。传统的社会认同局限于同一区域、同一民族、同一国家等。Web 2.0 时代的到来使得人类的生活方式发生了深刻的变革，爆炸式信息不断涌入人们的日常生活，打破时空界限，呈现出全球性、共享性和开放性的特征。以微博、微信为代表的网络社会的迅猛发展不可避免地引发了社会认同的深刻变革，而青少年作为网络社会的主体，社交网站使用对该群体社会认同的影响尤为明显。

有研究表明个体暴露于社交网站，接触大量外群体积极的自我呈现，可能会导致个体对内群体持负面社会认同。若认为自身所在的群体是不受欢迎的，可能会竭力远离甚至寻求摆脱该群体（Barker，2009）。社交网站使用对社会认同产生负面的影响可能源于社交网站的特性。网络是介于物理和精神的第三空间（周宗奎、刘勤学，2016），而社交网站作为网络的派生物，也为青少年开辟了新的场域空间，该空间允许青少年进行不在场的匿名互动，从而个体的自我意识被唤醒，个体可以根据自我喜好主动地建构多元身份。这种社会认同的多元化使得青少年的现实认同与虚拟认同发生碰撞，加之网络社会匿名性导致网络规范的失序，以追星为目的形成的粉丝群体、以"打怪"为目的形成的游戏团队、以发泄情绪为目的形成的贴吧论坛等具有随意性的共同体，这些因素不可避免地会造成青少年形成消极的社会认同。此外，社交网站（以微信为例）上存在大量用户发布的自拍、视频等内容，个体倾向于在社交网站上进行积极的自我呈现，这些炫富、自拍不可避免地成为用户进行社会比较的素材，从而对青少年社会认同产生负面影响。现有研究大部分是从幸福感、社交网站成瘾等方面间接证实该负面影响。例如，有研究证实了社交网站使用与抑郁的正相关以及与幸福感呈显著负相关（Kalpidou, Costin & Morris, 2011; Kross et al., 2013; Kevin et al., 2013）、甚至避免Facebook的使用能显著预测幸福感的提升。社交网站使用造成抑郁可能是因为和外群体进行上行社会比较进而影响个体自尊（牛更枫、孙晓军、周宗奎、孔繁昌和田媛，2016）。而抑郁会对个体社会认同产生消极影响（Cruwys et al., 2014）。此外还有研究者根据网络成瘾的概念引入社交网络成瘾，用以界定个体不能合理地控制使用社交网站的时间，并且由于沉迷于使用社交网站而带来的苦恼，甚至伴随生理不适的现象（Moreau, Laconi, Delfour & Chabrol, 2015）。另外，针对特定社交网站的使用行为的成瘾界定，比如Facebook成瘾（Andreassen, 2015）、微信成瘾（蒋建国，2016）等。互联网使用与青少年身份认同显著相关（Stefanescu et al., 2007），而网络成瘾会增加个体身份认同混乱的风险。

也有研究者认为社交网站有助于维持积极的社会认同。当个体对所属的群体产生较高的社会认同时，更倾向于帮助内群体成员，因而更频繁地使用社交网站维持社会联系（Levine, Prosser, Evans & Reicher, 2005）。因此有研究者基于社会认同满足的理论证实社会认同需要是个体社交网站使用的动机之一（Valkenburg, Schouten & Peter, 2006）。即个体为了满足社会认同，需要与内群体成员行为保持一致，因此登录社交网站以内群体的言行作为参照，作为自己言行的依据。此外，大量的研究证实了社交网站使用对于社会资本的促进作用（Steinfield, Ellison & Lampe, 2008），减少个体孤独感，并有效增强个体幸福感（Ellison, Steinfield & Lampe, 2007; Indian & Grieve, 2014），从而维持积极的社会认同。导致研究结果不一致的原因有很多，其中其他变量会影响到社交网站使用与个体的关系是一个主要因素（姚琦、马华维、阎欢和陈琦，2014; Oh et al., 2014），如社交网站使用只能通过积极反馈以及社会比较的中介作用对个体的生活满意度和自尊产生影响（Vogel, Rose, Roberts & Eckles, 2014; Oh, Ozkaya & LaRose, 2014）。就社会认同而言，社交网站使用基于不同的机制对于个体社会认同产生不同的影响。例如，基于社会认同满足的视角，个体具有与群体行为保持一致的倾向，因此社交网站使用满足了个体社会认同的需要，同时与群体的一致感更加增强了群体的社会认同（Barker, 2012）。基于社会补偿的视角，个体对群体若感知自我所在群体是不受欢迎的，那么会通过社交网站寻求与外群体建立社会联系，从而积极摆脱所在的群体（Barker, 2012）。这种负面的社会认同可能源于社交网站使用中社会比较的作用。人们倾向于在社交网站上进行积极的自我呈现，当个体通过与各方面突出的外群体进行比较时，从而威胁到个体自尊，增强个体的抑郁水平，从而威胁个体的社会认同（Ellmers et al., 2002）。社会比较源于个体对于自身能力进行评价的驱力，当个体缺乏客观的参照物用以评价自己时，个体就会以他人为参照进而判断自身的能力（Festinger, 1954）。虽然目前有大量研究证实了社交网站使用对社会认同有消极影响，但鲜有研究从社会补偿的视角探讨社会比较在其中的中介作用。本书试图探讨青少年社交网站使用强度（以微信为例）对社会认同的影响机制，并假设社交网站使用与社会认同负相关（H1）。

第二节　相关概念的界定

一、认同

"认同"是社会认同的上位概念，"认同"理论及在其基础上发展出来的相关理论，都是社会认同研究的理论基础。"认同"的概念来源于西方，在西方等同于认同概念的单词为 Identity 以及 Identification，在有的中文学术文章中也经常翻译为"同一性"，如自我同一性。不同的学者基于个人的观点对此有不同的表述。在本书中，"认同"和"同一性"只是翻译的方法不同，基本含义不再细微区分，当作含义是一致的。

认同这个概念已经被广泛应用于各个领域，但在不同的领域对其内涵和理论角色的界定也不一致。心理学家从心理学的角度对认同进行了界定，心理学家主要关注的是个体认同的形成机制以及发展过程、自我认同的产生以及发展等。费穗宇（1988）进一步指出了认同的本质，即认同其实质是情感以及意志的移入过程，此过程包括同化他人以及被他人同化。张春兴（1992）则指出，"认同是一个人将其他个人或群体的行为方式、态度观念、价值标准等，经由模仿、内化，而使其本人与他人或群体趋于一致的心理历程"。沙莲香（1998）提出，"认同是心理学中用来解释人格统合机制的概念，即人格与社会文化之间是怎样互动而维系人格统一性和一贯性，认同是维系人格与社会及文化之间互动的内在力量，从而是维系人格统一性和一贯性的内在力量，因此这个概念又用来表示主体性、归属感"。

基于以上的综述我们可以看出，各个领域的研究者基于不同学科内容揭示了认同的内涵。有的研究人员从认同的动机特征对其进行界定，有的研究人员借助于认同的功能，有的研究人员从内化的角度，不一而足。认同的建构不是单个的，而是连贯的连续过程。一个人的认同可以分为很多方面，每个具体方面的认同在不同的时间和情景中也会出现变化。

二、社会认同

现有的研究主要集中于社交网站使用对个体心理健康的影响，鲜有研究探讨网络化时代社交网站对青少年社会认同的影响。根据埃里克森的理论，青少年正处于认同危机阶段，在此阶段的主要任务是合理地解决认同危机。认同根据其指涉对象可分为"个人认同"(Self‐identity) 和"社会认同"(Social‐identity)，个人认同指个体根据其所面临的社会或者群体，通过参照特定社会或者群体特征从而明确自身所从属的群体的过程。个人认同进一步可分为自我证明（Self‐verification）以及自我预期（Self‐efficacy），是个人以自身的经历为反思的材料，通过以过往经历为参照形成了反思性的自我，该过程即自我认同产生的过程，而社会认同理论是 Tajfel 和 Turner（1986）在最简群体范式的研究基础上提出的，该理论认为个体通过社会分类对自己所属群体产生认同，并产生内群体偏爱和外群体偏见（张莹瑞、佐斌，2006）。Tajfel 对社会认同展开了深入的阐述，他认为"个体认识到他（或她）属于特定的社会群体，同时也认识到作为群体成员带给他的情感和价值意义"，这就是社会认同。国内学者同样对社会认同展开了深入的研究。李友梅（2007）将社会认同定义为一种集体观念，是社会成员彼此持有的信仰、价值和行动取向。

总而言之，社会认同包含两方面，一是个体对于各种现象、群体关系等的认识，以及根据这些认识作出自身归属判断的过程；二是个体在建立的认同基础上领悟群体给予自身所带来的影响，以及自身根据内群体的价值观完成自我价值观再塑造的过程。本书中的社会认同指群体内每一个成员通过自我分类与社会比较，对于某个事项或问题现象的一种共同认识和评价。当前网络化时代，青少年的社会认同呈现多元化、时空拓展和主动建构等新变化。在现实与虚拟的冲突、网络共同体的随意性以及网络社会认同的不确定性等因素的影响下，青少年阶段所面临的认同危机可能会加剧。

三、社会比较

1954 年，社会心理学家 Festinger 提出了著名的社会比较理论，该理论认为，个体对于自身能力有评估的需要，该需要会驱使个体积极寻求可供比较的对象，当情境中无法提供足够明晰的用于个体进行自我评估的客观标准时，这时缓解不确定感带来的焦虑就成为了个体行为强有力的动机，个体于是尝试以相似他人为比较对象，从而达成自我能力评估需求的满足。20世纪90年代之后，有研究者开始质疑上述观点，并扩展了社会比较的定义，同时指出"以特定内容与社会刺激相关的材料作为评估性材料而进行的比较即为社会比较"。广义的社会比较是指个体在与自身相关的诸如学业、影响力等某一特定维度，以其他个体诸如同学以及朋友或群体作为参照对象所进行的比较，从而对自身的某一特定维度有一个相对的认识。该定义放宽了社会比较产生于缺乏客观标准的这一前提。而这一相对广泛的定义也陆续获得大量实证研究的支持。后续研究证明，个体在比较标准的社会情境中，会为了满足评估自身能力内驱力而进行自我评价。

之后，研究者开始关注到社会比较的过程。Wood（1996）从社会比较过程的角度提出社会比较是一个过程，在比较过程中，个体会十分关注他人和自己在某一个特征维度的比较信息。从上述观点看，Wood（1996）比较看重进行社会比较的具体流程，以及在具体比较过程中，在某一个具体维度与自身相关的部分，即个体在进行社会比较的过程中，以他人或者群体为参照对象，以某一特定维度的特征作为比较标准，从而得出自己与他人或者群体的异同。Wood（2003）在后续研究中，对社会比较的过程做了进一步的区分，他将社会比较过程进一步细化为获得社会比较信息、考察社会比较信息以及回应社会比较信息三个子过程。第一个子过程包括三种情况：一是个人可能为了满足对自身能力进行比较的驱动力，从而主动去寻求社会比较信息；二是个体本无意进行社会比较，只是被动地遇到可供社会比较的信息；三是个体摆脱外在环境的束缚，自己主动地向内寻求，即自身建构用于社会比较的信息（Gibbons &

Gerrard，1991）。第二个子过程考察社会比较信息指涉个体对寻求的社会比较信息进行进一步加工，评价自身与他人相同点和相异点，但同时不可忽视的是，在进行考察社会比较信息的过程中，个体由于认知或者环境的限制，并不能保证具体的评估过程的客观性，因此不同的评估会产生不同的效果。第三个子过程涉及对依据加工的信息作出的判断进行回应，该过程具体而言是指对作出的评估判断对个体情感、行为等多方面的全面影响，一言以蔽之，即进行社会比较之后产生的情感行为的效果。综观社会比较的三个子过程，第二个子过程是最重要的，一旦该过程明确发生，那么我们就可以推断个体进行了社会比较。

综上，作为一种评估个人能力内驱力的满足，社会比较是广泛存在的一种心理现象。个体在日常生活当中界定自身某一维度的特征时，例如能力、影响度、身体强壮程度等，时常需要以他人或某一特定的群体作为参照对象，进行比较从而获得自身某一维度的值。这就是Fesntiger所定义的社会比较现象。社会比较常见的形式是人际比较，在人际比较过程当中，会包含认知、行为等各种心理成分，它作为一种普遍现象在人类日常生活当中扮演着重要角色，从进化的角度看，社会比较有助于人类进步。

四、社会比较与社会认同

根据以上论述，个人认同指涉及个体对自己特质的全面认识，而社会认同则指涉及个体对于某一特定群体的文化信仰以及价值观产生认同并将其内化于自己的行为与自我概念当中。也就是说，社会认同过程包含着社会比较的三个子过程以及社会分类等过程，社会比较对于社会认同的形成扮演着重要的角色。

Tajfel和Turner（1986）通过对社会认同的实验研究观察到社会群体内部的操作模式，并在此基础上分离出社会认同的三个心理过程，包括社会分类、社会比较以及积极区分,每个基本心理过程都对社会认同的产生有突出的作用。

社会分类指个体根据以往对于社会形成的认知对纷繁复杂的社会现象进行比较鉴别,从而形成特定分类的过程,而且,值得注意的是,在个体过程中,不但建立了对他群体、我群体的认知,同时也会形成有偏向的认识,即对隶属于同一群体的认同,对其他群体的负性认识,即外群体偏见。费斯廷格对此现象提出了有名的社会比较论,他认为:隶属于某一特定群体中的个体往往寻求将自己与他者或其他群体进行比较,在此过程当中确定自身价值,形成了对于内群体的积极态度,即内群体偏爱。特纳(1985)在此基础上提出了著名的自我归类理论(Self-categorization Theory),他认为个体在面对社会刺激或者信息时,会自动地对信息进行分门别类,并根据某一特定维度的特征将对象自动界定为内外群体,同时也将自我纳入这一分类体系当中,为自我贴上内群体的特点。此外,特纳在自我范畴化理论的基础上提出了著名的元对比原则(Meta Contrast Principle),他认为:个体在进行社会比较的过程中,如果发现个体与群体之间在某个特定维度的特征上的差异大于相同时,个体会依据此维度将群体分为内外两个群体,群体从而在此维度上出现了分化,成为两个内外群体。

社会认同的第二个子过程是社会比较。作为一种广泛存在的社会心理现象,社会比较是个体常用的用于认识自我的一种方法和手段(Festinger,1954)。此外,社会比较常常发生于无意识的状态,只要个体接触到其他群体的社会比较信息,个体就会自发地进行无意识的社会比较。社会比较还具有对象的指向性和方向性,根据比较对象与自身在某一特定维度特征的高低,社会比较的方向可以定义为上行和下行,因此社会比较常常被区分为上行社会比较和下行社会比较(Mussweiler,Ruter & Epstude,2004;邢淑芬、俞国良,2005)。

社会比较与群体成员的社会认同息息相关。社会比较是个体获取社会认同的主要方式。个体为了应付复杂的社会环境,有保持积极自尊的需要。通过与外群体进行下行社会比较而获取的优势是个体获取积极社会认同的重要手段之一(张文宏、雷开春,2009)。另外,诸如微信等社交网站是社会比较的一个重要窗口,而上行社会比较会对个体的社会认同产生消极影响。社交网站的一个重要特征是用户生成内容(Usergenerating Content),即用户用来进行印象管理而进行积极的自我呈现的内容。外群体的积极自我呈现内容,会无意识诱发个体进行上行社会比较,会让个体感知他人相比自己更成功、自我感觉个体从而造成个体自我评价过低,并且威胁个体的自尊水平,增加抑郁的风险(Chou & Edge,2012)。与此同时,社交网站诸如微信等呈现的内容,会诱发个体进行上行社会比较,进而萌生"不如他人"的悲观情绪(Feinstein et al.,2013),从而对所在群体持消极的社会认同。因此,我们假设社会比较与社会认同负相关(H2)。

五、社交网站使用与社会比较

个体在诸如QQ、微信等社交网站中,常常会更新与自身密切相关的海量信息,当然也会接触到其他用户的大量自我更新。社交网站用户可以追踪他人大量的自我呈现内容,个体可以随时随地了解他人的状况,而这些信息显然为个体进行社会比较提供充足的内容(Ellison, Steinfield & Lampe,2007;Smock, Ellison, Lampe & Wohn,2011;Hong, Tandoc, Kim, Kim & Wise,2012)。另外,社交网站上呈现的社会比较信息往往是个体积极的自我呈现,也就是说是经过粉饰了的内容,与现实生活有较大的出入。例如,个体往往将社交网站上的一些特征作为自身社交能力以及受欢迎程度的指标,比如微信中添加好友的数量,状态更新所获得的评论、点赞的条数(Vitak & Ellison,2013;Vogel, Rose, Roberts &

Eckles,2014)。社交网站中蕴含的海量他人生成内容成为个体进行社会比较的内容库(Kim & Chock,2015)。并且个体浏览他人状态更新是个体进行社交网站活动的主要内容(Metzger,Wilson,Pure & Zhao,2011)。因此,社交网站的使用极大地促进了个体进行社会比较,大量研究结果也证实,个体会在社交网站中频繁地进行社会比较(Haferkamp & Krämer,2011;Sang,2014;Kim & Chock,2015)。因此,本书假设微信使用强度与社会比较显著正相关(H3),另外微信使用强度可以通过社会比较的中介作用对社会认同产生负面影响(H4)。

六、研究价值

(一)理论意义

(1)拓展网络化时代青少年社会认同的影响机制研究。认同作为一个涉及众多领域的心理现象,无疑是研究热点。网络化时代的到来,为研究青少年社会认同赋予了新的研究内容。互联网时代的到来使人类开始进入一种全新的社会发展形态,爆炸式信息不断涌入人们的日常生活,打破时空界限,呈现出全球性、共享性和开放性的特征。网络社会的崛起引发了社会认同的深刻变革,这一变革在深受网络影响的青少年身上表现得尤为突出。具体说来,互联网使得青少年社会认同具有与现实社会认同不同的特征:社会认同多元化、开辟新的场域空间、主动地建构社会认同。

互联网时代最显著的特征是社交网站的兴起,社交网站逐渐融入人们的日常生活,尤其是青少年群体。目前国内外的研究大部分集中在社交网站使用对个体心理适应性影响的研究,对尚未进入职业生涯的大学生的社交网站使用与社会认同的研究则很少见。另外,目前关于社交网站使用的研究国外大多以Facebook、Twitter为研究对象,国内研究多集中于以微博为研究对象,对微信这一日益流行的社会工具的研究相对甚少。

本书通过文献综述、量表测量和实证研究将进一步丰富微信使用强度、社会认同、社会比较倾向关系的研究。

（2）进一步加深网络心理学的研究内容。网络自其诞生以来就深刻地改变了人们日常的生活方式，同时也开启了学术界崭新的研究视角，网络心理学在这样的背景之下应运而生。网络心理学关注的是互联网对人心理或行为的影响。本书通过调查互联网使用最广泛的青少年群体——大学生群体，揭示了青少年微信使用情况，同时揭示微信使用强度对社会认同的影响机制，从而进一步拓展网络心理学的研究内容。

（二）实践意义

（1）增进对当代青少年社会认同、现状及发展特点以及微信使用强度的了解。根据埃里克森的理论，当前青少年的主要发展任务是度过认同危机。因此，首先要了解青少年社会认同的现状和发展特点，本书综合使用文献分析法以及问卷调查法探讨当代青少年社会认同的现状和发展特点，微信使用强度。青少年社会认同量表、微信使用强度量表、社会比较倾向量表为开展调查研究提供了有效手段。

（2）为青少年度过认同危机提供参考依据。青少年社会认同在当前互联网时代不可避免地会受到冲击。微信的使用在青少年群体中已经非常普遍。本书通过问卷调查了解当代青少年社会认同，社交网站使用情况、现状及发展特点以及微信使用强度，从而帮助青少年了解网络化时代个体微信使用情况、社会认同的具体特征。根据青少年社会认同的特点，有针对性地开展青少年社会认同心理教育，从而帮助青少年群体顺利度过认同危机。

（3）为有效开展心理健康教育提供改进的方向。青少年社交网站上的社会比较、微信使用强度与社会认同三者的关系研究能够为家庭、社会、学校的心理健康教育提供思路。学校可以借鉴该研究成果，发挥资源优势，根据网络化时代背景下出现的社会认同新趋势有针对性地开展心理健康教育，同时合理利用人力资源和教育资源，制定有效的教育政策，以更好地帮助当代青少年顺利度过认同危机阶段，提高学生未来的职业发展能力。此外，家庭和社会也可以借鉴该研究成果引导当代青少年树立正确的价值观，并全面认识社交网站的利与弊，充分发挥网络对于塑造青少年积极、健康的社会认同的正面促进作用。

第三节 研究设计与方法

一、被试

本书采用整群抽样的方法在成都市两所高校和两所职业高中随机发放1000份问卷，经过回收整理，剔除不完整、没有微信使用经验的问卷，最终得到936份有效问卷，问卷有效回收率达到93.6%。在所获取样本中，男生有413人（44.12%），女生有523人（55.88%）；职业高中学生有496人（52.99%），其中高一学生187人（19.98%）、高二学生203人（21.69%）、高三学生106人（11.32%）；大学生有440人（47.01%），其中大一102人（10.88%）、大二104人（11.12%）、大三116人（12.45%）、大四118人（12.56%）。对性别进行卡方检验，结果显示被试的性别在年级上不存在显著差异（$\chi^2 = 1.03$，$p > 0.05$）；被试的年龄取值介于16~25岁（$M = 20.23$；$SD = 3.27$）。

如表1-1所示，本书除了对性别、年龄、年级等人口统计学变量进行统计之外，还调查了青少年的家庭收入、专业背景等变量。被试报告有479人是理科生，另有328人是文科生。入学居住地大部分来自于农村，与此对应的是家庭收入自我报告的众数较低。这说明被调查的大学

第一章 青少年微信使用强度对社会认同的影响

生大部分属于来自于农村的贫寒家庭。

二、研究工具

表1-1 被试在人口统计学变量上的分布情况（N=936）

背景变量	类别	人数	百分比（%）
性别	男	413	44.12
	女	523	55.88
年龄	15~17岁	184	19.66
	18~20岁	292	31.20
	21~23岁	380	40.60
	24~26岁	80	8.54
独生状况	独生	336	35.90
	非独生	600	64.10
学习科类	文科	328	35.04
	理科	479	51.18
	艺术类	129	33.78
专业前景	热门专业	478	51.68
	一般专业	352	37.61
	冷门专业	106	11.32
班级中成绩	较好	50	5.34
	中等	835	89.21
	较差	51	5.45
入学前居住地	城镇	229	24.46
	农村	566	60.47
	城市	141	15.06
家庭收入	很低	207	22.11
	较低	425	45.39
	中等	282	30.13
	较高	14	1.50
	很高	8	0.87

(一) 社交网站使用强度问卷

Ellison 等 (2007) 编制的测量社交网站使用强度的问卷被广泛使用。本书即采用该社交网站使用强度问卷,原始量表是用来测量 Facebook 用户的使用强度。本书根据研究目的进行修订,更改相应的表述以测量微信用户的微信使用情况。该问卷根据研究目的分为三个部分:第一个项目主要调查个体微信中所拥有的好友数量,这是第一部分。第二个项目单独作为第二部分,通过调查用户使用微信的平均时间来了解用户使用微信的频率。第三部分是最后六个项目,计分方式从很不符合到非常符合,计分为 1~5,主要调查的是个体对于微信的情感联系,同时也调查了微信对于个体生活的影响程度。然后将个体在各个题项的得分转化为标准 Z 分数,同时计算其标准分数的平均数,该分数即个体微信使用强度的指标。项目组先将问卷译成中文,并根据社交网站平台特性的不同,修改了部分具有文化特异性的表述,最终形成了正式问卷。在本书中,该问卷的 Cronbach α 系数为 0.801。

(二) 社会比较问卷

社会比较倾向的测量当前大多采用 Gibbons 和 Buunk (1999) 的社会比较倾向量表。王明姬、王垒和施俊琦在 2006 年将其翻译成中文,并被广泛使用。该问卷由 11 个项目组成,包括 2 个维度(能力比较和观念比较),其中能力维度 6 题,观念维度 5 题。问卷采用 5 点计分方式,得分作为社会比较倾向的指标。本书对问卷的信效度进行验证,验证性因素分析结果表明拟合指标较好(χ^2/df = 3.75,RMSEA = 0.02,NFI = 0.91,GFI = 0.92,CFI = 0.92);本问卷的 α 系数为 0.804。

(三) 社会认同量表

Luthtanen 和 Croker (1992) 的集体自尊量表被广泛应用于测量个体的社会认同。本量表由 13 个项目组成,采用李克特四点计分法,1~4 分别代表从不、偶尔、通常、总是。本量表包含四个维度:第一个维度是成员身份，测量的是个体对自身成员身份的认同；第二个维度是他人对群体的评价，测量的是感知他人对内群体的评价；第三个维度是自我对群体的评价；第四个维度是认同的重要程度。本书该量表总体 α 系数为 0.87，各分量表的 α 系数分别为 0.72、0.73、0.81、0.75。

(四) 控制变量

根据前人的研究，本书拟将青少年性别和年龄作为控制变量。例如，Tanti 等（2011）发现不同的青少年组具有显著不同的社会认同效应，在青少年早期或者晚期，社会认同效应最强。而社交网站使用具有显著的性别差异，这一点早为研究者所证实（Tynes & Mitchell，2014）。因此，为了避免性别和年龄对于研究结果的污染，本书将这两个变量作为协变量进行处理。

三、程序及数据处理

本书以成都市两所高校的图书馆自习室以及两所职业高中为单位，每间自习室或者教室由两名研究生进行分发试卷以及宣读指导语。本书获得了学校支持并向被试强调他们保有随时退出测试的自由，所收集的信息仅供研究之用。问卷施测人员提前进行培训，以确保用统一的指导语进行集体施测。学生通过完成问卷获得相应的奖品。使用 SPSS18.0 整理和分析数据，检验研究假设。采用 Bootstrap 方法进行回归系数显著性检验，该方法优于其他方法之处在于，该方法不需要满足总体正态分布或者方差齐性等严格的前提假设，因此能够大大降低 I 类和 II 类错误的可能性。Bootstrap 方法不要求样本服从某种分布，而是通过对样本进行 1000 次或者 5000 次有放回的随机抽样构造新的样本分布，获得参数估计以及置信区间。如果置信区间不包含 0，则证明统计显著（Erceg-Hurn & Mirosevich，2008）。

四、共同方法偏差的控制与检验

本书采用问卷法收集被试自我报告的数据,由于社会赞许性等可能导致数据存在共同方法偏差(Common Method Biases),根据周浩、龙立荣(2004)的研究建议,对数据采取程序以及统计两方面的控制。在程序控制方面,综合采用匿名方式作答以及部分题项采取反向计分等方式控制偏差。在统计控制方面,为了增强研究结果的统计效度,本书采用Harman单因素因子分析方法进行共同方法偏差检验(熊红星、张璟、叶宝娟、郑雪和孙配贞,2012),假设公因子数值是1,运用Amos18.0进行验证性因素分析的结果表明,拟合指数(χ^2/df = 25.35,RMSEA = 0.51,NFI = 0.50,AGFI = 0.61,CFI = 0.35)不理想,即本书的数据共同方法偏差不严重,适于进一步分析。

第四节 数据分析

一、青少年微信使用一般状况

在本书中,对于"你有多少个微信好友?",被试报告结果如表1–2所示。256名青少年报告他们的微信好友数量为50~99人,微信好友在100人以上的只有207人。

第一章 青少年微信使用强度对社会认同的影响

表 1-2 微信好友频数统计

	次数	百分比（%）	有效百分比（%）	累计百分比（%）
少于 10 个	69	7.4	7.4	7.4
10~49	404	43.2	43.2	50.6
50~99	256	27.3	27.3	77.9
100~149	145	15.5	15.5	93.4
150~199	21	2.2	2.2	95.6
200~249	14	1.5	1.5	97.0
250~299	14	1.5	1.5	98.5
300~399	3	0.4	0.4	98.9
400 或者更多	10	1.1	1.1	100.0
总计	936	100	100	719.3

青少年平均每天使用微信的时长如表 1-3 所示，只有 83 个人报告每天使用时间在 10 分钟以下，355 人报告每天使用微信介于 10~30 分钟，139 人花费 30~60 分钟使用微信，占 14.8%。66 名青少年报告使用微信每天长达 1~2 小时。个体与社交网站情感联系的平均得分为 1.96，社交网站对于个人生活的影响程度达到 3.21。

表 1-3 微信每天使用时长频数统计

单位：%

	次数	百分比	有效百分比	累计百分比
从不使用	0	0	0	0
少于 10 分钟	83	32.8	32.8	32.8
10~30 分钟	355	38.0	38.0	70.8
30~60 分钟	139	14.8	14.8	85.6
1~2 小时	66	7.0	7.0	92.6
2~3 小时	31	3.3	3.3	95.9
多于 3 小时	38	4.1	4.1	100.0
总计	936	100.0	100.0	100.0

网络化背景下青少年社会认同的研究

二、相关分析

控制了性别和年龄之后,对各变量进行 Pearson 相关分析,结果如表 1-4 所示,被试的微信使用强度与社交网站中的社会比较、社会认同呈显著相关。其中,微信使用强度与社交网站中的社会比较呈显著正相关,相关系数为 0.35,证实了假设 1;微信使用强度与社会认同呈显著负相关,相关系数为 -0.27,证实了假设 2;社交网站中的社会比较与社会认同呈显著负相关,相关系数为 -0.4,证实了假设 3。如表 1-4 所示。

表 1-4 变量描述性结果及变量间的偏相关

变量 M (SD)	1	2	3
微信使用强度	2.75 (1.33)	1		
社交网站中的社会比较	3.27 (1.22)	0.35***	1	
社会认同	3.86 (0.98)	-0.27***	-0.4***	1

注:* 表示 $p<0.05$,** 表示 $p<0.01$,*** 表示 $p<0.001$。

三、中介作用检验

温忠麟和叶宝娟(2014)综合了依次检验法和 Bootstrap 法的优点,介绍了中介作用检验的分析流程。本书依据该流程,以性别、年龄为控制变量,并运用 1000 次样本进行抽样估计,以中介效应 95% 为置信区间进行中介效应检验。

依次检验的结果如表 1-5 所示,微信使用强度能显著正向预测个体社会比较倾向,并且能够显著负向预测社会认同;当同时把微信使用强度和社会比较纳入回归方程时,只有社会比较能够显著预测社会认同,而微信使用强度不显著预测社会认同。因此,社交网站上的社会比较倾

表1-5 中介效应检验

回归方程		整体拟合指数		回归系数显著性			
结果变量	预测变量	R	R²	β	Boot strap 下限	Boot strap 上限	t
社会认同	性别	0.15	0.02	-0.13*	-0.09	-0.03	3.23
	年龄			0.05	-0.01	0.04	1.23
	微信使用强度			-0.11*	-0.23	-0.11	-3.98
社会比较倾向	性别	0.35	0.12	-0.15*	-0.26	-0.13	-0.17
	年龄			0.05	-0.01	0.09	0.44
	微信使用强度			0.34***	0.26	0.48	8.12
社会认同	性别	0.49	0.22	-0.12*	-0.25	-0.09	-2.58
	年龄			0.03	-0.03	0.04	-1.87
	微信使用强度			0.02	-0.04	0.02	0.78
	社会比较倾向			0.37**	-0.44	-0.31	-8.12

注：①Boot 标准误、Boot strap 下限和 Boot strap 上限分别表示通过偏差矫正的百分位 Boot strap 法估计的间接效应的标准误差、95%置信区间的下限和上限。
②* 表示 p<0.05；** 表示 p<0.01；*** 表示 p<0.001。

向对于微信使用强度与社会认同的中介作用显著，证实了假设4。

另外，对中介效应进行直接检验，检验结果表明，社会比较倾向对社会认同的间接效应显著，ab = -0.13，SE = 0.03，95% CI = [-0.15, -0.08]。中介效应解释了84.62%的差异。因此，支持了中介效应假设。

第五节 讨 论

一、微信使用强度与社会认同的关系

本书基于社会补偿的视角，探讨了网络化时代背景下社交网站使用

(微信使用强度)对社会认同的影响,本书发现微信使用强度能够显著地负向预测社会认同,这与以往的研究结果相一致(陈猛,2005)。根据社会补偿理论,个体对于互联网的卷入部分是为了补偿现实生活中社会支持的缺失,而这种对于互联网的过度卷入又反向威胁了个体的社会认同(Yoon,2014)。此外,微信等社交网站能够有效促进个体的桥接型社会资本,即相对异质的群体的关系,通过增强与外群体的联系,个体更加会对内群体离心离德,负面影响了个体的社会认同(Tausch & Becker,2013)。

二、社会比较倾向的中介作用

微信使用强度需要通过社会比较倾向的中介作用影响青少年的社会认同,微信使用中个体的社会比较倾向是导致对个体社会认同产生消极影响的重要因素。以往的研究结果也表明,社交网站中诸如积极情绪或者积极反馈等体验在社交网站使用与个体的健康适应的关系中有中介作用(Oh et al.,2014);并且个体在社交网站中的消极情绪或消极体验对于个体的健康适应有显著影响(Apple et al.,2016)。这表明社交网站使用与个体健康适应中存在其他中介变量。具体而言,微信使用并不必然导致对于青少年社会认同的负面影响。青少年个体在使用微信等社交网站时,个体的社会比较倾向能显著负向预测个体的社会认同。

社交网站对于青少年而言不仅是展现自我的窗口(Smock et al.,2011),同时也是获知他人信息的重要载体(Pempek,Yermolayeva & Calvert,2009)。在社交网站中,比如微信朋友圈中,青少年不仅发布信息呈现给假想的观众,同时也成为他人信息的真实的观众,这些他人积极的自我呈现势必会诱发个体进行更多的社会比较(Kim & Chock,2015)。与此同时,青少年群体在微信等社交平台上更倾向于积极的自我呈现,会更多表露正性阳光等表现自身积极品质的内容(Qiu et al.,2012),比如洋溢笑容的自拍、充满正能量的格言警句等。因此，青少年倾向于与外群体进行社会比较，感知外群体过得更幸福、更成功（Chou & Edge，2012）。而这种不如他人的感知会更加降低个体对所在群体的认同。

综上，本书通过纳入社会比较这个变量，阐述了微信使用强度对青少年社会认同的影响及其中介作用机制，拓展了社交网站使用对个体社会认同影响的研究。维持社会关系是青少年使用微信等社交网站的主要动机（Smock et al.，2011；Kim & Chock，2015）。一方面，微信等社交网站的使用能够满足青少年个体的社会认同需要，个体有与内群体言行保持一致的驱动力，在该动力的驱使下，个体会使用社交网站，成为内群体忠实的观众，并且以所观察的言行作为自己如何行事的依据，进而增强对于内群体的归属感（Mcewan，2013）；另一方面，微信等社交网站使用也会给青少年社会认同带来不利影响。比如社交网站中外群体信息获取的便捷性，使得青少年个体常常会不由自主地进行社会比较，这些带有积极光环的个人信息往往会造成对自我所在群体的低价值感，从而威胁个体的社会认同（Vogel et al.，2014）。

三、研究意义和不足

本书在探究微信使用对社会认同度影响的研究中引入了社交网站社会比较这一重要变量，开拓了对于社会认同研究的思路。社交网站因其共享、互动等特性而日益普及，特别是随着智能手机的流行，更加促进了社交网络在人们日常生活的渗透力。社交网站对于个体来说是潘多拉魔盒还是阿拉丁神灯正日益受到研究者的关注。以前的研究者都以Facebook、微博等为研究对象，而本书着眼于日益流行的微信，揭示了微信使用强度对个体社会认同度的影响。本书拓展了社交网站的研究对象，对于深入理解微信对个体的社会认同影响提供了一个绝佳的观察窗口。

本书在社会比较和社会认同的视角下，探讨了微信使用强度对社认同的影响，结果发现，微信使用强度间接影响社会认同度，需要通过微信中社会比较的中介作用对个体的社会认同产生影响。这表明，微信中的社会比较是微信使用消极结果的重要因素。另外，辩证法告诉我们任何事物都具有两面性，我们要立体看待微信这一新生事物，要充分发挥微信对青少年个体成长的积极作用，同时避免其消极作用，要积极引导青少年认识到社交网站过度使用带来的消极后果，如社交网络病理性使用、微信成瘾、网络谣言等。

同时，本书也有许多不足之处。

第一，在研究设计上，研究方法局限于问卷法的横断研究，方法单一，只能获得微信使用强度、社会比较倾向、社会认同的关系，无法做出因果推断，更无法获取青少年微信使用强度以及社会认同等变量动态发展过程中的变化情况。因此，未来的研究应尝试采取纵向研究的方法获取更翔实的数据探究变量的动态变化，并且应综合采用多种研究方法弥补问卷法研究的不足。例如，任何变量都受一系列生理和心理因素影响，社交网站使用的研究应综合采用心理测量法等方法。近年来，脑神经科学方法开始广受重视，因此脑神经科学方法也是未来一个重要的研究手段。另外，大数据时代的来临，使得计算机技术被广为采用。随着数据挖掘等技术的飞速发展，运用大数据的方法进行微信使用对社会认同的研究也是未来研究的热点。

第二，社会比较还具有个体差异性，这会影响到个体进行社会比较的频率和方向（郭淑斌、黄希庭，2010），未来的研究应将个体社会比较的个体差异纳入研究中。此外，虽然社交网站中的社会比较普遍而且不可避免，但不同的社交网站使用行为与社会比较具有不同的关系（Kim & Chock，2015），因此进一步细分具体的微信使用行为与社会认同以及社会比较的关系会更有意义。比如，根据社交网站使用性质可以将社交网站使用行为分为主动使用和被动使用两种，不同的社交网站使用方式对个体会造成不同的心理影响，因此，社交网站使用方式对社会认同的影响值得进一步探讨。

第三，社交网站通过多种间接路径对青少年社会认同产生影响，这提醒研究者不能将研究视野局限于社交网站的使用与结果的简单关系研究，应该关注青少年具体的社交网站使用行为以及具体的行为所带来的积极或者消极体验，从而更全面地认识青少年的社交网站使用行为对青少年社会认同的影响。

第六节 结 论

青少年的微信使用强度与社会比较倾向存在显著正相关，微信使用强度以及社会比较倾向与青少年社会认同呈显著负相关。青少年的微信使用强度通过社会比较倾向的中介作用显著负向预测青少年社会认同。

第二章　网络使用与物质主义对青少年身份地位认同影响研究

21世纪是一个互联网快速发展的时代，相比于生活在20世纪的人们，生活于这个时代的青少年的观念、价值观、认同感等伴随着互联网的迅速普及，也随之发生了翻天覆地的变化，本书主要集中探讨了当代青少年社会认同的变化和发展。当然，社会认同包括了诸多方面，本章主要探讨的是当代青少年处于一个网络时代与消费文化相互交融的环境中，在此环境氛围下当代青少年社会认同的身份地位认同会引发转变和发展。

关于青少年的社会认同，在网络和物质的交互影响下，对于金钱、成功和快乐的定义，形成的社会地位认同，是非常值得研究和探讨的。本书从当代青少年网络使用、物质主义程度出发，探讨当代青少年的工作目的、身份地位认同的形成与变化。本书通过网络使用情况调查量表、物质主义量表和青少年目的性工作价值观量表进行调查，探讨网络使用对青少年物质主义的影响，物质主义对青少年工作目的的影响，从而探讨青少年的身份地位认同的形成与变化。结果表明，青少年的网络使用与物质主义存在显著的正相关，并且物质主义越高的个体越发倾向于追求以金钱作为衡量标准来定义成功，以此形成身份地位认同。

第一节 绪 论

一、研究背景

根据《中国互联网络发展状况统计报告》,"2015年12月,中国上网人数已经上涨到6.88亿,网络的使用率也已经达到了50.3%,从此数据可以看出,半数的中国人已经接入互联网。与此同时,手机的普及塑造了全新的社会生活形态。"特别是对于新时代的青少年而言,手机和网络相辅相成,成为日常生活所必备的一种生活资源,不可替代、不可或缺,而这样也造就了当代青少年的社会认同取向会随着这样的时代特色而发生变化。

随着互联网技术的快速发展,计算机网络信息技术与文化的结合构成了一种新型的文化形态——网络文化。网络文化通过手机等移动设备和电脑在改变社会大众的生活、工作、学习、思维与娱乐等方式的同时,也给当代青少年的社会认同带来了深刻的影响。互联网时代的到来使人类开始进入一种全新的社会发展形态,爆炸式信息不断涌入人们的日常生活,打破时空界限,呈现出全球性、共享性和开放性的特征。网络社会的崛起引发了社会认同的深刻变革,这一变革在深受网络文化影响的当代青少年身上表现得尤为突出,特别是在社会认同的地位认同方面尤其显著。

网络文化下,当代青少年在享受着信息沟通便利的同时,也受到网络上所带来的一些功利化心态的影响,特别是商品经济的兴盛与网络文化的普及互惠互利,对青少年的社会认同,特别是地位认同取向产生巨

第二章　网络使用与物质主义对青少年身份地位认同影响研究

大的影响。处于以网络文化为背景的社会文化变革中的青少年，在各种社会观念和思潮的冲击下，他们追求的目标逐渐倾向于金钱、声望与名利，他们的工作价值观取向也随之趋向于现实的金钱与物质的回报。这样的工作价值观取向与当代消费文化下产生的物质主义价值观相吻合。因而，在探讨网络文化对当代青少年身份地位认同取向影响的时候，需要探讨物质主义价值观对当代青少年产生的影响。因而本书结合网络文化与消费文化背景，探讨当代青少年工作价值观取向，从而更好地了解当代青少年的地位认同取向，分析其社会认同感。

二、研究价值

（一）理论意义

（1）本书将社会认同范围精细化，通过分析青少年的地位认同发展趋势，了解个体的社会认同。

（2）本书通过调查青少年网络使用情况、工作价值观取向与物质主义程度，分析三者的相互影响，以此研究个体的金钱观、价值观、工作目的等，从这些基本观念去分析个体的社会认同观念。

（3）本书结合时代特征，将目前流行的网络文化与消费文化相结合，探讨这两种文化同时作用时，当代青少年网络使用与物质主义对其工作价值观以及社会身份和地位认同产生的影响，以此从新的角度研究当代青少年的社会认同。

（4）本书通过探讨物质主义对当代青少年工作价值观取向的影响，从而了解个体社会身份地位认同的成因与变化。因而此研究从一定意义上探讨了当代青少年对自身社会身份地位的认同，了解了当代青少年的社会身份地位认同的形成与转变。

（二）应用价值

（1）通过研究当代青少年的地位认同，明确分析社会认同的倾向，从而利于学校制定更为准确、清晰的引导培养方案。

（2）有利于学校老师了解学生的状态，认识到网络化背景对学生的影响，从而更好地进行就业指导与心理辅导。

（3）社会企业通过了解学生的工作价值观取向，做出相应的改变，为公司的人员招聘、培训、激励等人力资源管理工作提供服务。

（4）将网络和消费结合起来，从理论数据分析网络和消费等对于个体的价值观及社会认同的影响，从实证研究中归纳出网络化时代对当代青少年社会认同的影响。

三、研究的主要内容

本书的研究内容主要分为四个部分。

（1）文献综述部分：通过对国内外已有的社会认同文献研究的整理、归纳和分析，提出本章主要探讨的内容以及主要的研究假设。

（2）数据收集整理部分：通过抽取被试、发放问卷、回收数据、数据整理等，了解当代青少年的网络使用情况、物质主义水平与工作目标取向，并分析三者之间的相互关系，以此探讨个体的地位认同观念。

（3）统计分析部分：分析网络使用与物质主义显著相关的维度，挖掘网络使用对当代青少年物质主义观产生影响的深层机制；分析物质主义观念与当代青少年工作价值观的取向的显著相关维度，透析当代青少年的社会身份地位认同形成与转变。分析网络使用与青少年工作价值观的显著负相关维度，了解网络使用对青少年主要产生消极影响的方面。

（4）总结讨论部分：通过对结果的探讨，分析得出结论，提出研究结论以及未来展望。

四、研究设计

(一) 研究工具

本书主要通过问卷法进行调查研究。整个研究中会用到一个量表与两个问卷,分别是物质主义价值观量表、网络使用情况调查问卷与青少年目的性工作价值观问卷。研究使用的问卷共分为如下四个部分。

(1) 人口统计学变量调查,主要是用于被试样本的特征分析。本课题调查了青少年的性别、专业、居住地、家庭收入情况与父母职业等人口统计学资料。详细资料为:

1) 性别:分为男性与女性。

2) 非学校的长期居住地:分为村镇、县城(县级市)、中等城市与大城市。

3) 专业:分为文科、理科与工科。

4) 父母亲职业:分为高层管理人员、中层管理人员、基层人员、教师与其他。

5) 父母亲工作单位:分为政府机关、学校、科研机构、民营企业、国有企业、合资企业、外资企业、个体经营、农村。

6) 家庭前一年总收入:分为10000元以下、10001~20000元、20001~30000元、30001~40000元、40001~60000元、60001~80000元、80001~100000元与100000元以上。

7) 个体主观感觉家庭收入情况:分为很低、较低、中等、较高与很高。

(2) 物质主义价值观量表(Materialism Value Scale, MVS),用于测量青少年的物质主义程度,该量表由 Richins 和 Dawson (1992) 编制,经过专家几番翻译最终形成中文版。Richins 和 Dawson (1992) 开发的 MVS 对物质主义价值观进行测量,由三个维度构成,分别是:成功的定义、集中性、幸福感。集中性维度表达的是一个人生活中购买物品的集中性，如"在我的生活中，我喜欢大量的奢侈品"；幸福感维度表达的是一个人认为购买物品能够使他体会到幸福感，如"如果我可以支付起购买更多的物品我将会更加的快乐"；成功的定义维度表达的是一个人认为怎么样才算成功，如"我说了很多我自己生活中将要怎么去做好的事情"。这个量表由18个题目组成，采取1~5分的评分方法，对应非常不同意到非常同意。其中第7、第8、第9、第13、第14、第16题为反向计分题。

（3）网络使用调查问卷，对青少年的网络使用情况进行调查。目前学术界大多探讨的是个体的网络成瘾，因此有关网络成瘾方面的问卷相对成熟，因而本书选用了网络成瘾的调查问卷，以调查目前青少年的网络使用情况。此问卷由郭颖编制，采用克伦巴赫α系数计算量表的同质信度，得到α = 0.951。对初测样本进行重测，得到重测信度r = 0.93。本书采用Young的《网络成瘾诊断问卷》作为效标，对研究中自制量表的总分和《网络成瘾诊断问卷》的总分采用Pearson积差相关分析，获得量表的效标效度为r = 0.714（p < 0.001）。

（4）青少年目的性工作价值观问卷，主要对青少年的工作动机进行调查。该问卷是金盛华、李雪编制的青少年职业价值观问卷的子问卷。此问卷主要分为四个维度：维度一，家庭维护，由第1~3题项组成；维度二，地位追求，由第4~8题项组成；维度三，成就实现，由第9~13题项组成；维度四，社会促进，由第14~16题项组成。此子问卷的验证性因素分析的模型拟合指数为：X^2/df（2.670）、GFI（0.961）、NNFI（0.921）、CFI（0.935）、RMSEA（0.045）。

（二）研究样本来源

本章采用随机抽样与整群抽样相结合的方式抽取成都市两所职业高级中学和两所高校在校学生。为了探讨网络使用与物质主义对青少年地位认同的影响，本书从物质主义价值观出发，了解当代青少年受到网络使用的影响下物质主义观念的水平，以及不同水平物质主义价值观的个体倾向于工作目的的不同来探讨青少年的地位认同的成因与转变。基于不同年龄阶段、不同学历层次，使得研究更加具有现实意义。

（三）抽样设计

为了在一定程度上减少样本差异的影响，选取被试的时候通常采取随机抽样，对样本的随机抽取是保证实验测量准确性的基础，通常情况下，采取的随机抽样方法为三种，分别是随机抽样、分层随机抽样与整群随机抽样。基于在校的学生都是以班级为单位进行管理的特性，本书主要采取整群随机抽样的方法，在成都市职业高级中学以及高校等学校班主任和任课老师的帮助下，抽取一定数目的班级群体为测试对象。本书总共发放问卷1000份，回收有效问卷936份。

（四）统计分析方法

本书的统计分析主要包括对人口统计学问卷的描述性统计分析，物质主义价值观量表与网络使用的相关分析，物质主义价值观量表与青少年目的性工作价值观的相关分析，以及网络使用与青少年目的性工作价值观的相关分析。具体如下：

1. 描述性统计分析（Descriptive Statistics）

对本书需要的人口统计学变量采取描述性统计分析，直观地表达出诸如性别、年级、家庭收入情况等样本特征的分布，同时也对网络使用问卷、物质主义价值观量表与青少年目的性工作价值观问卷各维度的测量的均值进行描述。

2. 差异性分析（Variance Analysis）

本书通过对各个量表的人口统计学变量进行差异性分析，分析不同性别、不同父母关系质量、不同家庭经济条件等对青少年网络使用情况、物质主义、目的性工作价值观产生的差异性影响。采用SPSS统计分析工具中的独立样本t检验以及单因素方差方法进行分析。

3. 相关分析（Correlation Analysis）

本书的相关分析首先检测的是当代青少年网络使用、物质主义价值观与目的性工作价值观三者之间的相关性，其次检测青少年网络使用、物质主义价值观与目的性工作价值观三个量表各个维度之间的相关性。采取的方法是 SPSS 统计分析工具中的皮尔逊（Pearson）积差相关分析。

4. 中介作用检验

本书的中介作用检验，主要是将物质主义作为网络使用预测工作目标的中介因素，基于此种假设，采用温忠麟和叶宝娟结合依次检验法以及 Bootstrap 法的优点，介绍中介作用检验的分析流程。

（五）研究流程

本章共分为三个阶段，按照以下流程展开调查。

（1）确定研究的内容、主题与框架。通过对国内外的文献的收集与分析，确立本书的内容与主题，以及本书的理论基础与现实意义，最后完成对应的研究设计。这个阶段的工作主要包括此章的第一、第二节。

（2）对网络使用与物质主义、物质主义与目的性工作价值观的相关实证分析。本书通过对问卷数据的整理和分析，了解青少年的网络使用现状、物质主义程度以及对于工作目的的取向，从而分析他们社会身份地位认同的形成与改变。同时，探讨三个量表各个维度的相关性，进一步分析三个量表不同维度之间的相互影响，从而深层次地了解当代青少年的身份地位认同。此阶段是本章的第三、第四、第五节。

（3）分析讨论结果，阐述本书的使用价值，并提出此研究的不足与未来展望。此阶段为本章的第六节。

（六）研究假设

物质主义价值观的个体倾向于用财产的多少来评定自己与他人的身份地位，获得客观的身份地位认同感与主观的身份地位认同感。结合网络时代与消费文化背景，探讨青少年网络使用与青少年物质主义价值观

的相关关系,同时分析青少年更加倾向的工作目标,以此分析青少年的地位认同倾向。基本假设主要是:

(1)网络使用与物质主义呈现正相关,个体的地位认同倾向会物质化。

(2)物质主义水平越高的个体倾向于以提高社会经济地位作为外部工作目标,建立外在的地位认同。

(3)物质主义水平较低的个体倾向于以提升自身能力作为内在的工作目标,建立内在的地位认同。

(4)物质主义水平作为中介因素调节着网络使用对个体工作目标的影响。

第二节 文献综述

一、相关概念辨析

(一)社交网络

社交网络是一个社会网络结构,这个社会网络结构是根据 Web2.0 系统,以个人或者团体以及他们之间的关联的形式而存在的。当前人们利用网络通过邮件、即时通信、视频音频等方式与他人建立联系、分享经验,这样及时沟通的形式已经成为网络时代人与人之间沟通的新桥梁(Echeburúa & De,2010)。冯锐和李亚娇(2014)基于"六度分割理论"建构以个人为中心的社交网络。换言之,现实中的个体通过"朋友的朋友是朋友"这样的关系建立了一种在线社交网络,认识不同时空距离的不同个体。这样以个人为中心而辐散开的关系圈子与费孝通提出的"差序格局"相似,这种虚拟平台的社交网络只允许圈子里的人参与到互动沟通交流之中。在这个圈子里面的个体可以是认识的，也可以是不认识的，但不认识的个体之间总能够在圈子里找到一个或多个共同认识的个体。李翔昊（2010）阐述了社交网络的现实意义，他说："社交网络的诞生是具有伟大意义的，它通过互联网技术将现实的时空距离缩短，实现了人们的无距离即时沟通。现如今，现实生活中的个体终于能够在互联网上找到关系链条，他们彼此连接，相互交织，组成一圈又一圈、密密麻麻的交际网络。在这种以社会关系为枢纽的社交圈子里，个体首先体会到的是自我存在，然后进行自我表达、自我展示，最后是与关系链条上的其他人互动分享与交流。这样的沟通平台极大地提高了社会关系管理的效率，增加了人们的沟通联系，满足了人们精神层面的需求。"

社交网络是一个有序的系统。第一，系统的主体是用户（User），用户可以自由选择不公开、公开或半公开个人相关信息；第二，用户能够自主创建、维护与其他用户之间的联结关系以及个人想要与他人分享的资讯信息；第三，用户通过这样的联结关系能够浏览和评价朋友分享的信息。一个完整有用的社交网络必须具备三项基本功能：创建和维护与朋友的联结关系；上传个体想要分享的资讯信息；浏览其他用户分享的资讯信息。

随着手机等移动客户端的普及，也更加促进了社交网络链的复杂化、细节化，几乎普及全球人口的社交网络链均通过手机等移动客户端的迅猛发展而建立起来。这样的结果使处于这个时代的青少年几乎完全是生活在这个社交网络之中，因而探讨其受到的影响是十分必要的。此章将聚焦于物质化的信息通过网络对个体社会认同，特别是地位认同而造成的影响。

（二）物质主义价值观

对于物质主义的定义，许多学者给了不同角度的定义。《牛津英语词典》上的定义为：热衷于物质的需求和欲望，忽视精神的东西；完全以物质兴趣为基础的一种生活方式、观点或者倾向。消费心理学家 Belk 将物质主义定义为：消费者对财产金钱所赋予的重要性，将物质主义作为人的一种特性在研究。Sirgy（2013）对物质主义的定义探讨的是相对情况，而相对于其他重点关注领域，对物质领域的关注被认为是极为重要的一种情况。Chan 和 Prendergast（2007）将物质主义视为一种态度，关注财务在生活中所占据的位置，将其视为成功的象征，并且认为持有物质主义观的人们将财务放在生活的重心位置，获得越多越幸福。Richins 和 Dawson（1992）将物质主义作为一种价值观或者目标观，反映了个体在多大程度上相信重要的是获得金钱和财产，同样为了相关的目标去奋斗，其目标是获得吸引人的形象和高的社会地位与受欢迎程度，它们经常通过金钱和财产表达出来。Richins 和 Dawson 对物质主义价值观的定义是目前为止大家所普遍认同的一个定义方式。

不同的目标观，对于成功、金钱和快乐不同的定义，影响着个体接收到的信息对其内在认同的形成，因此本书结合 Richins 和 Dawson 的研究，将物质主义视为个体的目标观，通过采用物质主义量表（MVS）去测量个体的目标取向，对于成功、金钱和快乐的定义，以此分析在网络和消费普及的时代下成长的青少年的社会认同倾向。

（三）工作价值观

第一个提出工作价值观这一术语的是 Super，他理解的工作价值观是指工作中个体所追求的与工作有关的目标的表述，是个体内在需要的表达以及从事活动时所追求的工作目标的特质或者属性。从 Super 对工作价值观的定义可以看出，他更加倾向于个体选择工作来满足需求的层面。也有许多的学者将工作价值观定义为个体从工作中满足内在的需求（Schwartz，1999；Robinson & Betz，2008），换言之，个体的工作价值观是个体为了满足需求的目的性工作价值观。当然，也有学者从判断标准层面定义工作价值观，Elizur 和 Sagie（1999）对工作价值观的理解是：

"个体针对工作而表现出的行为及个体抱有从工作环境中获取某种结果的价值判断,是一种直接影响个体行为的内在思维体系。"对于工作价值观这一概念,国内的一些学者也结合中国文化提出了本土化的定义。如凌文辁和方俐洛(1999)提出,工作价值观是工作中的个体对待自身职业选择的一种信念和态度,或者是个体在其职业生活中所表现出来的相应的价值取向。他们大多都是从判断标准层面进行理解的。余华和黄希庭(2000)指出,职业价值观是个体衡量社会上各种职业的优劣与重要性的内心尺度。金盛华和李雪(2005)按不同角度把工作价值观划分为目的性工作价值观与手段性工作价值观。目的性工作价值观是指个体评价和选择职业的内隐动机性标准;手段性工作价值观是指个体评价和选择职业的外显条件性标准。总体来说,目的性工作价值观会影响手段性工作价值观。根据不同学者对工作价值观的不同侧重点的定义,霍娜和李超平(2009)学习参照 Schwartz 对价值观的定义(Schwartz,1999),把工作价值观定义为个体对工作持有的一种观念和信仰,这样的观念和信仰超越具体情景与现实,引导个体对与工作相关的行为和事件进行选择与评价,并指向希望达到的状态与行为的一些重要性程度。不同个体的工作价值观的类型决定了个体想要在工作中获得满足的需求以及相应的偏好。

如果说物质主义是目标观,是一种意识层面的认同,那么工作价值观更加明显地表现出个体的目标取向,表现在其具体可能的行为方式上。通过分析其工作目标是内在的还是外在的,可以有一个更加直观的体现,表现当代青少年的社会认同取向的偏向。

二、青少年网络使用现状的相关研究

随着互联网时代的到来,个体与个体相互之间的交往方式从面对面的形式逐步过渡为虚拟网络沟通的形式。人们不满足局限于空间位置的交流形式，开始通过虚拟网络的社交平台实现跨距离交流，与处于不同空间的个体建立联系（Bruce et al.，2012；Mccord et al.，2014）。因而，诸如微信、腾讯QQ与微博等社交平台越来越受到当代青少年的喜爱，他们通过这些社交平台上传图片与文字、发表状态与位置、分析他人动态、与同处社交平台上的个体即时交流、互换资讯信息、进行自我暴露等活动，从而满足内心需求（Grieve et al.，2013）。从国外流行的社交平台的使用率上也可以看出，青少年对于社交平台的使用正在普及。如 Alabi（2012）对国外流行的社交平台 Facebook、eMarketer 与微信的全球用户量进行统计，发现 Facebook 拥有的全球用户量不少于10亿，eMarketer 的全球用户量超过15亿，微信从2011年推出至今，统计数据表明其拥有的全球用户量已达到9.7亿。基于人们对于社交网络的如此热爱与推崇，国外对社交网络的使用强度与使用频率进行了调查，发现个体对于社交网络的使用已经超出了正常的范畴（Kim et al.，2015）。因而，目前对网络使用的诸多研究都是围绕着网络成瘾展开的，如姜永志等（2016）对青少年问题性社交网络使用的归纳梳理，张锦涛等（2014）对青少年网络成瘾的中介调节模型的探讨，以及李董平等（2016）对青少年网络成瘾的心理需求满足的研究。

三、物质主义价值观的相关研究现状

消费文化下，物质主义观念盛行，国内以及国外诸多研究者对物质主义进行了研究，总结归纳过后，发现物质主义的个体存在如下特点。

（1）物质主义个体的金融消费态度和行为与非物质主义者存在不同。Donnelly 在 2012~2013 年的研究表明，持有物质主义价值观的个体对于他们金钱的管理模式更加的"宽松"，且具有更糟糕的金钱管理技能。Carver 和 McCarty（2013）研究表明，物质主义者涉及更多的赌博问题（Carver & Mccarty，2013）。同时 Dittmar 在 2014 年通过元分析表明物质

主义与强迫性消费有着积极的正相关,也就是说,物质主义与阻碍一个人买东西欲望的困难程度相关。同时他也揭露了物质主义得分高的个体更加倾向于从事高风险的健康行为,包括消费香烟、酒精等,通过这些消费而产生快感与满足感,也从某一方面缓解追求金钱给个体带来的压力(Dittmar et al.,2014)。

(2)物质主义也与形象相关的态度和行为呈正相关,包括关心时尚和衣着(Chu,2013),抱有积极的态度和目的去做整形手术(Hendersonking & Brooks,2009)。名声问题也同样是值得注意的动机,在那些物质主义观中得分高的人们中,这样个体的典型报告就是想要赚取金钱,从而获得比他们邻居更好的房子和车子(Srivastava et al.,2001),实现在邻居眼里建立一种"高高在上"的光辉形象。

(3)物质主义与更多的人际问题相联系,并且对他人具有消极的社会态度。相比低物质主义者,高物质主义者常常陷入孤独的恶性循环(Pieters,2013),有焦虑依恋风格(Norris et al.,2012),更难以平衡对工作和家庭的承诺(Promislo et al.,2011)。进一步说,物质主义与较短的(Kasser & Ryan,2001)和较低质量的人际关系(Solberg et al.,2004)相联系。Carroll等(2011)通过调查已婚夫妇的物质主义观发现,夫妻两个持有不同水平的物质主义观的时候,他们具有不同的婚姻质量:夫妻两个都是高物质主义者具有最低的婚姻质量;夫妻两个只有一方是物质主义者的婚姻质量居中;夫妻两个都是低物质主义者具有最高的婚姻质量(Carroll et al.,2011)。

(4)物质主义也与采取更自私的方式对待他人相关联。如相比那些低物质主义者,那些高物质主义者在移情作用上的得分较低(Sheldon & Kasser,1995)以及在自我陶醉(Kasser & Ryan,1996)、权术主义(Mchoskey,1999)、精神病性情感和人际障碍方面(Foulkes et al.,2014)的得分较高。高物质主义者也表现出较少的亲社会行为(Sheldon & Kasser,

1995）和更多的反社会行为（Kasser & Ryan，1993；McHoskey，1999）。在商业模式里，物质主义与关心企业社会责任呈负相关（Kolodinsky et al.，2010），与工作场所人际关系之间的越轨行为呈正相关（Deckop et al.，2015）。物质主义的分数也预测他们将具有更多的竞争的（更少地选择合作）行为在囚徒困境博弈中，即使是和朋友一起玩的时候（Sheldon & Mcgregor，2000）。高物质主义者具有更加强烈的社会支配倾向，对于外群体成员持有更多的偏见的信念（Duriez et al.，2007），并且较少关注民主主义中的平等主义内容（Flanagan et al.，2005）。

（5）物质主义者的生态态度与行为也表现出消极状态。那些强烈支持物质主义价值观的人们表现出较少的对环境有益的行为和较高的生态足迹（Richins，Dawson，1992；Brown，Kasser，2005）；在森林管理困境游戏中，高物质主义者表现出更加的贪婪和更少的可持续性（Sheldon & Mcgregor，2000）。Hurst 等（2013）在元分析的研究中发现在物质主义与生态态度（$r = -0.22$，Across Eight Studies）和行为之间存在微小但却一致的负相关（$r = -0.24$，Across Nine Studies）（Hurst et al.，2013）。

（6）高物质主义者的教育和工作动机普遍受外在的金钱功利所驱使，导致内在动机遭到破坏（Deci et al.，1999）。当员工强烈地认同物质主义价值观时，他们报告更多的倦怠和低的工作及职业满意度（Vansteenkiste et al.，2006；Deckop et al.，2010）。

（7）高物质主义的个体倾向于报告较低的个人幸福感。Dittmar（2014）报道了一个综合的元分析，其样本覆盖了世界上的大多数居住人口，结果发现，无论采用什么测量方法，控制各种额外变量后，对于物质主义价值观的追求与个人幸福感之间的关系都是负相关。

经过研究表明，持有高物质主义观的人们都在日常生活中表现出以下特点：①特别看重薪资报酬，渴望比现阶段更高水平的收入，更加关注经济安全，却很少关注人际关系的质量与数量；②更多地以自我为中心，更加的自私自利，更倾向于保留资源为自己所用，却很不愿意和他人分享自己所拥有的资源；③追求充满商业氛围的生活形式，不愿意过物质简单的生活，譬如在选择交通工具方面，他们经常选择汽车而不是自行车，并不考虑环境保护等有利他人的行为做法。与非物质主义者相比，物质主义者表现出对生活的更多不满意方面，也就是说，其个人幸福感更低，更多地觉察生活的不安全感，忽略生活中自我内心成长的内容。

四、青少年工作价值观的研究现状

宁维卫（1996）利用修订后的 WVI（Super Work Values Inventory）对青少年进行测评，发现对青少年工作价值观影响最大的因素是他们的同事关系、独立性、生活习惯、学业与社团成就、个人创造性等。

凌文辁（1998）采用自编青少年工作价值观量表对其调查测量，结果显示，他们着重考虑的前四个择业标准是：①能够充分发挥与展现自己才能；②符合自己爱好与兴趣；③录用的机会均等并且个体之间公平竞争；④工资薪酬较高并且能够为员工提供深造的机会。最后一个择业标准：工作单位规模、成名成家、单位级别、出国机会和单位知名度等则是择业时青少年考虑较少的（凌文辁、方俐洛，1999）。

吕厚超、缪黎（2008）通过文献分析和开放式问卷调查的方法，采取因素分析数据处理技术获得了国内青少年的工作价值观的心理结构。该结构主要包括公司状况、人事状态、个体声望、企业名望、生活休闲、发展成长、维护家庭、职业保障这八个因素，比最初提出的理论构想（发展成长、生活休闲、名望与声望、家庭维护、组织团体文化）多出三个因素，因而将理论构想更加本土化。

周锋（2014）根据对马克思主义哲学的深入理解，应用哲学思维对青少年工作价值观进行思考，采用自编的《职业属性关注度评价表》，调查分析获得影响青少年工作价值观的五大内在因素和六大外在因素。五大内在因素分别是性格特征、职业兴趣爱好、知识累积、能力素质与亲情依恋。六大外在因素分别是社会环境、家庭氛围、学校教育水平、成长经历、生活中的偶然事件与朋辈影响。

郭镔玮（2015）选取太原市高等院校600名青少年作为被试，对他们的工作价值观进行调查，主要针对的是他们的工作价值观的总体特征与影响因素，如家庭氛围的维护、工作身份地位、发展成长、个人成就、社会贡献、是否轻松稳定、是否符合个人兴趣爱好、工资薪酬、名望与名声、个人发展前景与物质回报。郭镔玮等也顺便调查了当代青少年的工作价值观与职业选择的关系，他们的调查结果显示，被试青少年对目的性工作价值观的看重程度显然高于手段性工作价值观。中国国内对青少年工作价值观的测量，主要采用的是国外量表，主要集中关注性别、年龄、家庭、人格与受教育程度等的人口学统计变量之间的交互作用，或者就是研究个人择业倾向受到的个体工作价值观的交互影响。

首先，互联网时代下，网络文化的盛行改变着人们的日常生活，特别是当代青少年受到的影响最为突出。网络时代在个体的表现较多体现于社交、实时沟通等方面，其判断和分析也集中体现在使用时间和使用频次等方面。因此本书以互联网的应用之一社交网络以及网络的使用情况作为依据去收集相关的信息，从而分析个体地位认同方面受到的影响。

其次，随着社会的商业化，物质主义也伴随着网络的普及而对经常使用网络的青少年造成了深刻的影响。当代青少年面临的最突出问题就是找工作，他们因为经常使用网络，接触的物质主义信息较多，因此工作价值观取向也受到了影响。

最后，基于工作价值观的不同，当代青少年关于他们的社会地位与社会身份认同也随着时代背景的不同而发生了改变。因此，有必要探讨网络使用对于当代青少年物质主义的影响，以及物质主义对于青少年工作价值观的影响，才能更好地了解当代青少年的社会认同与身份认同的成因与变化，从而更好地促进当代青少年形成积极的社会身份地位认同。

第三节 研究结果分析

一、样本结构分析

本书采用整群抽样的方法在成都市两所高校和两所职业高中随机发放1000份问卷，经过回收整理，剔除不完整等无效问卷，最终得到936份有效问卷，问卷有效回收率达到93.6%。在所获取样本中，男生有413人（44.12%），女生有523人（55.88%）；16~17岁184人，占比19.66%，18~20岁292人，占比31.20%，21~23岁380人，占比40.60%，24~26岁80人，占比8.54%；独生子女336人，占比35.90%，非独生子女600人，占比64.10%；汉族812人，占比86.75%，少数民族124人，占比13.20%；文科类221人，占比23.67%，理科类622人，占比66.40%，艺术类93人，占比9.93%，其他无；城市141人，占比15.06%，城镇229人，占比24.46%，农村566人，占比60.47%，父母未离异的826人，占比88.24%，父母离异的97人，占比10.36%，没离异但是分居的13人，占比1.4%，样本的结构如表2-1所示。

第二章 网络使用与物质主义对青少年身份地位认同影响研究

表 2-1 样本结构分析表

背景变量	类别	人数	百分比（%）
性别	男	413	44.12
	女	523	55.88
年龄	16~17 岁	184	19.66
	18~20 岁	292	31.20
	21~23 岁	380	40.60
	24~26 岁	80	8.54
入学前居住地	城市	141	15.06
	城镇	229	24.46
	农村	566	60.47
家庭收入	很低	207	22.1
	较低	425	45.4
	中等	284	30.3
	较高	14	1.5
	很高	6	0.7
父母婚姻状况	正常	826	88.24
	离异	97	10.36
	分居	13	1.4

二、量表实际测量的信度分析

Cronbach's Alpha 系数是数据统计分析中最经常使用的量表信度评估参数。表 2-2、表 2-3 与表 2-4 分别是网络使用问卷、物质主义价值观（MVS）量表与目的性工作价值观量表实际施测时信度分析的结果。

表 2-2 网络使用问卷信度分析结果

	耐受性	脱瘾症状	计划性	控制性	行为特征	危害性	主观认识与行为	总量表
Cronbach'α	0.864	0.951	0.775	0.823	0.727	0.911	0.933	0.924

网络化背景下青少年社会认同的研究

从表2-2的分析结果可以看出，网络使用情况问卷七个维度的内部一致性α系数都大于0.7，其中特别是脱瘾症状、危害性及主观认识与行为的信度高达0.9以上，整个量表的信度系数也是高达0.924。由此可见，青少年的网络使用情况问卷，在此次实际测量中具有良好的信度。

表2-3 物质主义价值观信度分析结果

	成功	集中性	幸福感	总量表
Cronbach'α	0.840	0.846	0.843	0.810

从表2-3的分析结果可以看出，物质主义价值观量表的三个维度的内部一致性α系数均大于0.7，整个量表的信度系数也基本达到了0.8。由此可知，物质主义价值观量表在此次实际测量中具有良好的信度。但鉴于本书采用的物质主义价值观问卷是最原始的MVS量表，没有经过本土化的修正，可能其信度在后续的研究中采取本土化的物质主义价值观量表将会有更多的提高。

表2-4 目的性工作价值观信度分析结果

	家庭维护	地位追求	成就实现	社会促进	总量表
Cronbach'α	0.806	0.922	0.928	0.806	0.880

从表2-4的数据分析结论可以看出，青少年目的性工作价值观量表的四个维度的内部一致性α系数均大于0.7，整个量表的信度系数也达到了0.8，并且其中的地位追求与成就实现的信度高达0.9以上。由此可见青少年的目的性工作价值观量表在此次实际测量中也具有良好的信度，表明当代青少年对于地位追求与成就实现的结果更加的可靠。

三、量表的总体特征

从表2-5中可以看出，各维度的平均值大小的顺序为：计划性 > 行为特征 > 耐受性 > 控制性 > 主观认识与行为 > 危害性 > 脱瘾症状。平均

第二章　网络使用与物质主义对青少年身份地位认同影响研究

值最高的是网络使用的计划性维度（2.8985），最低的是网络使用的脱瘾症状维度（2.2125），这些数据说明当代青少年对于网络使用的各维度的关注程度存在较大差异。他们最关注的是个体对是否对网络使用执行计划性以及他们使用网络的行为特征，而对他们的脱瘾症状和危害性认识不够。当然，这样的结果也符合当代青少年对网络的使用情况。网络文化下，日常的网络使用已经是当代青少年生活的必备技能之一，他们倾向于有计划地进行网络使用，并且关注最为普遍的网络使用的行为特征。当然，此量表也表现出当代青少年对于网络使用的依赖症状与危害性认识不足，也证实了不能正确地使用网络对青少年造成不良的影响的研究。

表 2-5　网络使用情况量表各维度的平均值

	耐受性	脱瘾症状	计划性	控制性	行为特征	危害性	主观认识与行为	总量表
平均值	2.6138	2.2125	2.8985	2.5240	2.8524	2.2635	2.2812	2.4031

从表 2-6 中可以看出，各维度的平均值大小的顺序为：幸福感 > 集中性 > 成功的定义。平均值最高的是幸福感维度，即个体拥有物和购置物导致他们快乐以及生活满意度的信念维度（2.9948），最低的是成功的定义维度，即个体利用财产判断他人或自己的成功的维度（2.7380）。物质主义各个维度的平均值都大于 2.5，可以看出当代青少年的物质主义得分都较高，对于金钱、成功和快乐的定义都出现了一定程度的利益化、金钱化和外部化。特别是幸福感维度的分数反映出当代青少年倾向于通过消费来获得快乐与幸福感。这也符合当代青少年所处的消费文化潮流环境。当代青少年生活在这样的消费文化环境中，并且他们频繁地使用网络，从而可知当代青少年接收到的物质主义信息较多，受到的影响也就随之增多，对于地位的认同感也更加倾向于对于金钱、物质和利益的认同。

表 2-6　物质主义价值观量表各维度的平均值

	成功	集中性	幸福感	总量表
平均值	2.7380	2.9894	2.9948	2.9066

从表 2-7 中可以看出，各维度的平均值大小的顺序为：地位追求＞成就实现＞社会促进＞家庭维护。平均值最高的是地位追求维度，即个体关注通过工作获得高的社会地位维度（3.9100），最低的是家庭维护维度，即个体对于家庭和谐氛围的关注与维护维度（3.4745）。从这些数据可以看出，当代青少年对于工作的目标倾向于追求高的社会地位与成就，而较少关注社会促进与家庭维护等方面。这些现象也符合当代青少年所处的时代背景。在网络文化与消费文化的双重影响之下，当代青少年倾向于追求物质，而忽略自我的成长。也就是说，当代青少年的身份地位认同观正在随着环境的影响而偏向于追求物质以提高自己身份地位的认同方向，从更为明显的方式上表现出地位认同倾向的利益化、金钱化和外部化。

表 2-7　目的性工作价值观量表各维度的平均值

	家庭维护	地位追求	成就实现	社会促进	总量表
平均值	3.4745	3.9100	3.8192	3.5461	3.6887

四、个体差异分析

（一）影响因素分析

随着社会的发展，受社会经济水平以及多元文化的冲击，当代青少年的网络使用、物质主义与目的性工作价值观必然受到影响。总的来说，当代青少年的网络使用、物质主义的形成与目的性工作价值观受到的影响可以归纳为内部因素和外部因素。外部因素主要包括家庭、学校与社会的影响。网络使用、物质主义与目的性工作价值观都具有显著的时代性，都是基于互联网以及商业化进程的到来而兴起。这样的历史时代背景对当代青少年的社会认同与职业认同等都有着很大的影响,消费时代下主要宣传的物质主义信息与社会舆论也通过网络从不同程度及角度潜移默化地影响着他们的价值观取向,影响着他们的工作价值观与社会身份地位认同。青少年时代的经历最容易对其社会认同与其他各方面的认同造成影响,这个阶段是他们同一性形成统一的重要阶段,因此青少年在学校的经历对他们的社会认同造成的影响尤为重要。他们在每所学校所接受到的就业信息都会对青少年的职业认同、目标取向产生影响。另外,父母的经济条件、婚姻关系以及教养方式都会对子女的社会认同造成影响。当代青少年的社会认同价值观直接受到父母职业以及父母的受教育程度的影响。对当代青少年的社会认同造成影响的内部因素主要是个体内在需要、个人能力、性格与气质等。不同的个体其内在的需求是不同的,存在个体差异。并且不同的需求主导着个体对工作特质与内容的不同追求,而任何职业对个人能力都是有一定要求的,因而个人能力的差异也必然会影响一个人的职业态度与职业选择,从而影响其职业认同。个体的性格与气质虽然是人格特性中比较稳定的部分,但已有研究结果显示性格和气质也会随着个体的生活经历有所改变,对于个体的工作取向也有一定的影响。

从理论上说,影响当代青少年社会认同的因素可以分为内部因素和外部因素,但是在实际操作上,不管是内部因素还是外部因素,他们对青少年社会认同的影响并不是独立存在的,它们相互交融影响着个体的工作价值观与工作取向。通过对以上影响因素的理论分析,本书基于要测量的网络使用、物质主义与目的性工作价值观,选取了性别、家庭条件、父母关系质量等基本变量讨论青少年网络使用、物质主义与目的性工作价值观的差异。在下面章节中进行详细的讨论。

(二)个人基本变量多因素方差分析

以父亲职业、母亲职业、家庭总收入为自变量,采用多因素方差分析技术,检验三个自变量的两两之间的交互作用是否显著,结果如表2-8所示。

表2-8 青少年目的性工作价值观的多元方差分析

项目	手段性价值观	目的性价值观	价值观总分
父亲职业	1.96*	0.48	1.31**
母亲职业	1.13	0.71	1.20
总收入	1.61*	1.97**	1.86*
父亲职业×母亲职业	1.67*	1.31*	1.96**
父亲职业×总收入	1.95**	1.11*	1.81**
母亲职业×总收入	0.53	0.92	1.45*
父亲职业×母亲职业×总收入	2.52**	2.23**	1.97**

注:*表示$p<0.05$;**表示$p<0.01$。

根据上述多因素方差分析结果,可以看到父亲职业、母亲职业与家庭总收入在职业价值观上有交互作用,所以不再单独分析主效应。

(三) 目的性工作价值观在性别水平上的差异

由于性别水平和其他量表总分上不存在交互作用,所以单独分析目的性工作价值观的性别水平差异,结果如表2-9所示。

表2-9 青少年目的性工作价值观在性别水平上的比较差异

	目的性价值观总分	家庭维护	地位追求	成就实现	社会促进
男	3.74±0.78	3.76±0.95	3.55±0.86	3.97±1.29	3.67±0.85
女	3.64±0.66	3.86±0.84	3.36±0.78	3.87±0.95	3.46±0.75
t值	1.17*	-0.89	1.86*	0.77	2.20*

注:*表示$p<0.05$;**表示$p<0.01$。

从表2-9可以看出,目的性价值观总分在性别水平上存在显著的差异。其中,家庭维护与成就实现这两个维度在性别水平上不存在显著差异,但地位追求与社会促进这两个维度在性别水平上存在显著差异,并

第二章 网络使用与物质主义对青少年身份地位认同影响研究

且对于社会促进维度,男女性别差异相比地位追求更加明显一些(t=2.20>1.86)。

第四节 相关分析

一、网络使用与物质主义的关系研究

(一)相关显著性分析

本书采用 Person 积差相关的数据处理方法,运用 SPSS19.0 统计分析软件进行数据分析,主要分析网络使用各维度与物质主义价值观各维度之间的相关系数。缺失值采用配对删除的方法进行处理,表 2-10 列出了相关系数与统计检验值。

表 2-10 网络使用与物质主义相关分析结果

		成功	集中性	幸福感	物质量表
危害性	Pearson 相关性	0.131*	−0.051	−0.026	0.035
	显著性(双侧)	0.031	0.401	0.666	0.562
行为特征	Pearson 相关性	−0.027	0.002	0.344**	−0.007
	显著性(双侧)	0.656	0.974	0.000	0.912
耐受性	Pearson 相关性	0.110	0.031	0.012	0.077
	显著性(双侧)	0.071	0.615	0.846	0.208
脱瘾症状	Pearson 相关性	0.160**	0.012	0.030	0.101
	显著性(双侧)	0.008	0.844	0.621	0.096
计划性	Pearson 相关性	0.154*	0.070	−0.022	0.106
	显著性(双侧)	0.011	0.254	0.719	0.081
控制性	Pearson 相关性	0.130*	0.093	0.078	0.141*
	显著性(双侧)	0.032	0.126	0.200	0.020

续表

		成功	集中性	幸福感	物质量表
主观认识与行为	Pearson 相关性	0.214**	0.056	0.082	0.172**
	显著性（双侧）	0.000	0.361	0.176	0.005
网络使用	Pearson 相关性	0.195**	0.026	0.038	0.130*
	显著性（双侧）	0.001	0.672	0.533	0.033

注：* 表示在 0.05 水平（双侧）上显著相关，** 表示在 0.01 水平（双侧）上显著相关。

相关分析表明，网络使用情况与物质主义价值观量表在总分上呈现显著相关（p = 0.033 < 0.05）。进一步对各维度之间的相关分析表明，物质主义的集中性维度、幸福感维度与网络使用的各个维度均呈现不显著相关（p = 0.672 > 0.05；p = 0.533 > 0.05），物质主义的成功维度与网络使用呈现正相关（p = 0.001 < 0.01），并且物质主义量表的成功维度与网络使用的除了耐受性（p = 0.071 > 0.05）和行为特征（p = 0.656 > 0.05）以外其他五个维度均呈现显著相关。尽管网络使用与物质主义显著正相关，但网络使用仅有控制性（p = 0.02 < 0.05）与主观认识和行为（p = 0.005 < 0.01）两个维度与物质主义显著相关。

(二) 结果讨论

当代青少年生活在一个网络普及的时代，从以上数据可以看出，青少年对于网络的使用确实对其物质主义价值观的形成产生了影响，从两者之间的正相关可以看出，青少年网络使用越频繁，个体越发倾向于物质主义。换言之，当代青少年越是过多地使用网络，个体对于金钱、成功和快乐的定义更加的外部化，其地位认同倾向也更加外部化。研究假设（1）得到了证实。特别是网络使用与物质主义量表的成功维度的显著相关表明，网络时代下当代青少年更加倾向于以物质的多少来定义自身与他人的成功，这点也符合消费文化对于人们的影响，促进他们对于金钱财富的追求（Kasser, 2015）。其中，幸福感与网络使用的行为特征的显著正相关表明，个体进行网络使用的行为特征也给个体带来物质形式的幸福感体验。成功与脱瘾症状、计划性、控制性、主观认识与行为的显著正相关表明，个体如果主观体会到自己对于网络使用的脱瘾让个体体会到成就感，那么个体对于自我使用网络的计划性与控制性也会让个体体验到成功感。同时，物质主义量表在网络使用上仅有两个维度出现显著的相关，即个体有计划地进行网络使用，并且主观认识到了的时候，个体的物质水平较高。因而这一点为网路使用如何降低个体的物质主义提供了思路。

二、物质主义与目的性工作价值观关系研究

（一）相关显著性分析

本书采用 Person 积差相关的方法，使用 SPSS19.0 统计分析软件得到物质主义各维度与目的性工作价值观各维度之间的相关系数，缺失值采用配对删除的方法进行处理，表 2-11 列出了相关系数与统计检验值。

表 2-11　物质主义与目的性工作价值观相关分析结果

		成功	集中性	幸福感	物质量表
地位追求	Pearson 相关性	0.154*	0.099	0.199**	0.203**
	显著性（双侧）	0.011	0.104	0.001	0.001
成就实现	Pearson 相关性	0.009	0.110	0.177**	0.123**
	显著性（双侧）	0.878	0.071	0.003	0.003
家庭维护	Pearson 相关性	-0.025	0.143*	-0.271**	0.155*
	显著性（双侧）	0.683	0.019	0.000	0.011
社会促进	Pearson 相关性	-0.028	0.127*	0.300**	0.159*
	显著性（双侧）	0.650	0.036	0.000	0.009
目的性工作价值观量表	Pearson 相关性	0.057	0.143*	0.273**	0.200**
	显著性（双侧）	0.349	0.010	0.000	0.001

注：* 表示在 0.05 水平（双侧）上显著相关，** 表示在 0.01 水平（双侧）上显著相关。

表 2-11 的相关分析表明，物质主义与青少年的目的性工作价值观呈现显著的正相关（p = 0.001 < 0.01）。从各个维度可以看出，物质主义价值观与青少年目的性工作价值观量表的社会促进（p = 0.009 < 0.01）、家庭维护（p = 0.011 < 0.05）、成就实现（p = 0.003 < 0.01）和地位追求（p = 0.001 < 0.01）均呈现正相关，并且从显著性的不同可以看出，物质主义价值观与地位追求、成就实现和社会促进维度的相关系数（p < 0.01）高于物质主义价值观与家庭维护的相关系数（p < 0.05）。青少年目的性工作价值观与物质主义的集中性维度呈现显著正相关（p = 0.010 < 0.05），与物质主义的幸福感维度也呈现显著的正相关（p = 0.000 < 0.01），与物质主义的成功性维度呈现不显著相关。

（二）结果讨论

消费文化背景下，个体物质主义逐渐提高（Jaspers & Pieters，2016）。作为新生一代的青少年，其受到物质主义的影响，工作的目的也发生了相应的改变。从物质主义与青少年目的性工作价值观可以看出，物质主义高的个体，倾向于追求高的社会地位与成就的实现，较少地关注家庭关系的维护与社会促进，也印证了之前的相关研究，物质主义的个体出现较少的亲社会行为（Sheldon & Mcgregor，2000）。同时，青少年工作目的与物质主义的集中度及幸福感的显著正相关表明，青少年倾向于使用工作来获得购买商品的能力，获得属于自己的财物，从而体验到相应的快乐。换言之，当代青少年的工作目标更加倾向于地位、成就等外在目标的取向，而并非是促进家庭关系和维护社会促进等内在的目标取向。

三、网络使用与目的性工作价值观的相关分析

（一）相关显著性分析

本书采用 Person 积差相关的方法，使用 SPSS19.0 统计分析软件得到网络使用各维度与目的性工作价值观各维度之间的相关系数，缺失值采

第二章 网络使用与物质主义对青少年身份地位认同影响研究

用配对删除的方法进行处理,表 2-12 列出了相关系数与统计检验值。

表 2-12 网络使用与目的性工作价值观相关分析结果

		地位追求	成就实现	家庭维护	社会促进	目的性工作价值观
危害性	Pearson 相关性	-0.088	-0.24	-0.130*	-0.155*	-0.104
	显著性(双侧)	0.147	0.688	0.032	0.011	0.88
行为特征	Pearson 相关性	-0.007	0.002	-0.027	0.002	-0.07
	显著性(双侧)	0.912	0.975	0.656	0.974	0.905
耐受性	Pearson 相关性	-0.039	0.065	-0.061	-0.111	-0.022
	显著性(双侧)	0.519	0.290	0.316	0.069	0.720
脱瘾症状	Pearson 相关性	-0.110	-0.116	-0.180**	-0.169**	-0.166**
	显著性(双侧)	0.071	0.056	0.003	0.005	0.006
计划性	Pearson 相关性	0.038	0.062	-0.005	0.116	0.020
	显著性(双侧)	0.532	0.309	0.935	0.057	0.746
控制性	Pearson 相关性	0.005	0.045	-0.116	-0.117	-0.025
	显著性(双侧)	0.933	0.460	0.057	0.054	0.684
主观认识与行为	Pearson 相关性	-0.083	-0.054	-0.174**	-0.214**	-0.135*
	显著性(双侧)	0.171	0.379	0.004	0.000	0.026
网络使用	Pearson 相关性	-0.078	0.037	-0.153*	-0.177**	-0.114*
	显著性(双侧)	0.202	0.541	0.012	0.004	0.049

注:* 表示在 0.05 水平(双侧)上显著相关,** 表示在 0.01 水平(双侧)上显著相关。

表 2-12 的相关分析表明,网络使用与青少年的目的性工作价值观呈现显著的负相关($\alpha = -0.114^*$;$p = 0.049 < 0.05$)。从各个维度可以看出,网络使用与青少年目的性工作价值观量表的家庭维护维度($\alpha = -0.153^*$;$p = 0.012 < 0.05$)、社会促进维度($\alpha = -0.177^{**}$;$p = 0.004 < 0.01$)呈现显著负相关;青少年目的性工作价值观量表与网络使用情况的脱瘾症状($\alpha = -0.166^{**}$;$p = 0.006 < 0.01$)、主观认识与行为($\alpha = -0.135^*$;$p = 0.026 < 0.05$)两个维度呈现显著的负相关。

(二) 结果讨论

从网络使用与目的性工作价值观的负相关可以看出,网络的使用会导致个体较少地关注自身的工作,较少地关注自我的成长,对当代青少年的成长和社会身份地位的认同产生不利影响。同样,网络使用与个体对家庭维护、社会促进的显著负相关也证明了个体对于家庭氛围较少关注,较少从事亲社会行为,从而不利于青少年健康的成长。同时,也就证明的假设(2)和假设(3)。

四、结果总结

本书通过对青少年网络使用、物质主义价值观、工作目标观三者的关系探讨,最后证实的假设有:

(1)当代青少年的网络使用与物质主义价值观显著正相关,其地位认同倾向物质化。

(2)物质主义价值观促使个体更加倾向于以工作获得财富,提高身份地位,其地位认同更加倾向于外在目标取向。

(3)物质主义价值观促使个体远离提高自身能力,关注人际关系的工作目标,其地位认同更加远离内在目标取向。

具体而言,青少年的网络使用会促进他们的物质主义价值观,并且物质主义价值观会导致青少年以工作来谋取高的社会地位,获得财富来定义自身的成功的身份地位认同,倾向于通过工作来获得金钱购置物品,从而获得快乐与幸福感。数据显示,物质主义价值观会使得个体建立以财富来定义成功的身份地位认同,忽视对家庭维护、社会促进等人际关系与利他行为的社会认同。同时,本书通过对网络使用与目的性工作价值观的相关研究发现,青少年对于网络的普遍使用,与个体工作目的出现负相关。

因此,网络和消费的双刃剑,对个体的社会认同特别是地位认同造成了一定的影响,这样的影响使得青少年更加倾向于外在目标取向的地位认同,忽视其内在和个人的自我成长。当然,仅仅通过简单的相关分析,不能够充分地说明这个问题,因此下面将进行中介作用检验,更加深入地验证此假设。

第五节 中介作用检验

温忠麟和叶宝娟在 2014 年的研究中,结合国内外的数据分析技术,详尽为研究者们普及了中介作用检验的操作和分析流程。本章根据此流程,分析了网络使用、物质主义、工作目标三者之间的中介作用,从而更加清晰地了解三者的相互作用模式。检验结果如表 2-13 所示。

表 2-13 中介作用检验结果

回归方程		整体拟合指数		回归系数显著性			
结果变量	预测变量	R	R^2	β	Boot strap 下限	Boot strap 上限	t
工作目标	网络使用	0.26	0.04	0.13*	0.02	0.04	5.23
物质主义	网络使用	0.37	0.15	0.15*	0.15	0.23	0.27
工作目标	网络使用	20.48	0.32	0.12*	0.34	0.06	2.18
	物质主义			0.03**	0.01	0.03	1.57

注:* 表示在 0.05 水平上显著相关,** 表示在 0.01 水平上显著相关。

从表 2-13 的数据可以看出,网络使用能够显著预测个体的工作目标取向,也能够显著预测个体的物质主义水平,在采用依次检验法检验过后,发现将物质主义和网络使用共同去预测工作目标,能够得出一个更加准确的结果。换言之,即将物质主义作为网络使用和工作目标的中介因素时,预测效果更加的准确。这样的结果证实了研究的假设(4)。

第六节 总结与展望

一、研究结论

本书通过对成都市两所职业高级中学和两所高校的 936 名在校学生进行问卷调查,对数据进行整理分析,具体探讨了青少年网络使用情况、物质主义价值观与目的性工作价值观的相互关系,以此为依据分析个体的地位认同倾向。本书通过网络时代的发展,结合网络时代与消费文化两种交融的背景,探讨当代青少年的社会身份地位认同的成因与变化。具体而言,本书从提出假设开始,选择合适的量表,施测后回收数据进行整理分析。通过对数据的样本结构分析、量表实际测量的信度分析以及三个量表的总体特征分析,对数据有直观的把握之后,对数据进行个体差异分析,最后发现目的性工作价值观在性别水平上有显著差异。

本书重点探讨的是三个量表所测内容的相关性,通过对网络使用与物质主义、物质主义与目的性工作价值观、网络使用与目的性工作价值观相关研究,最后证明了本书提出的假设。网络使用与物质主义价值观的形成存在着显著的正相关,且物质主义会对个体的工作目的产生影响,从而改变着当代青少年的社会身份地位认同。

本书结合最新的中介作用检验方法,检验证实了物质主义对于网络使用对工作目标取向的预测的中介作用。因此探讨网络使用通过物质主义对于个体社会身份地位认同的表现形式——工作目标取向的影响。从研究结果看,网络文化和消费文化下的两大特色产物——网络使用和物质主义,二者共同作用对青少年的社会认同,特别是地位认同方面产生了显著的影响。

二、研究不足与展望

已有的大多数研究探讨的是网络使用对青少年网络成瘾、网络行为特征等问题，较少有研究探讨网络使用与物质主义的关系，并且本书将网络时代与消费文化结合起来，探讨在这样的时代背景之下，当代青少年的目的性工作价值观，以及他们所形成的具有时代特色的社会身份地位认同，为当代青少年的就业指导教育提供一个新的思路。并且，从物质主义的中介作用可以看出，调整当代青少年的物质主义水平，调整他们对于金钱、成功和快乐等的认知，可以有效地调整当代青少年的社会认同取向，特别是在网络普及且无法抑制也不能遏制的情况下，改变接收者的认知方式才是更加有效的途径。因此对于调整和指导青少年的社会认同取向，调整青少年对于金钱、成功和快乐的认知是一个较好的策略，并且需要国家、社会和个人一起配合才能实现。

本书虽力求严谨，但限于人力、物力与财力等方面因素仍存在一定的不足。

首先，研究对象代表性有待进一步考察。本书的样本来自于成都市所在学校，是否可以将结论普遍化、全国化有待商榷，需要未来扩大样本普及地区重新进行考察。

其次，在研究方法上，仅仅采用的是问卷调查法。众所周知，问卷调查法会受到社会期待效应的影响，从而导致结果出现偏差，不能准确地测量被试的真实想法。因而未来的研究需要从研究方法上进行改进，争取通过更加科学有理有据的测试，来观察消费文化与网络时代背景下人们认知、情感与行为分别受到的影响，如采取最新的红外线成像对人们的脑电反应进行测量，以便更为真实地反映被试的认知与情感。

最后，本书对个体差异的探讨，没有出现按理论而言的差异性，比如网络使用的性别差异（姜永志等，2016）、物质主义的家庭收入差异（Kasser，2015）等。因而，本书的分析或者人口统计学的数据收集不够完善，可能是地区因素等限制原因而导致差异性不显著。未来的研究应该探讨不同的家庭环境与经济压力对消费文化以及网络文化下青少年的身份地位认同呈现的不同影响。

第三章　网络化时代青少年专业认同调查研究

众所周知，青少年是祖国的希望，未来的接班人，他们的健康成长直接影响着国家的兴盛与衰败。专业认同作为影响青少年在校学习和毕业工作的一个重要问题，近年来一直受到相关研究人员的高度关注，再加上国家对青少年的心理状况非常重视，由于青少年社会认同方面的问题混乱而变得日益加剧，所以对当代青少年专业认同的相关问题进行研究迫在眉睫。本书主要采用了文献分析法、问卷调查法等，研究了当代青少年专业认同（大学生与职业高中生）的现状及其影响因素，分别描述了大学生与职高生的专业认同现状，分析了大学生与学前教育专业职高生在专业认同方面的差异，结果是青少年专业认同在性别水平上存在显著差异；年级是影响青少年专业认同的共同因素，而大学生专业认同的影响因素是专业志愿选择与专业前景，学前教育专业职高生专业认同的影响因素是学业成绩与家庭状况。本书根据最后调查分析得出的结果分别对加强青少年学校认同与专业认同的问题提出了合理化的建议，希望能给今后的研究提供参考依据。

第一节 问题提出

一、研究背景

对于青少年来说,在踏入社会之前,学习是他们一生中经历的重要阶段,每个青少年(大学生与职高生)在校的学习阶段,都会因专业的差异而经历一段专业适应的学习阶段,这也是青少年今后职业发展的重要阶段,不但影响着青少年专业技能的发展,也影响着他们今后的就业,是值得关注的一个问题。作为当代青少年的主体,大学生与职高生在踏入学校进行专业学习之前都会面临专业的选择,有人会根据自己的喜好进行选择,有人会根据就业的难易进行选择,而有的人则是根据父母的建议进行选择等。然而由于目前的教育制度尚未完善,大部分的学校(大学与职高)在学生对本专业进行选择和过后的调换还没有达到完全的自由,大多数学校的学生对自己的专业存在不认可、不了解或者不认同的情况。总的来说,对自己所选的专业认同度较高的大学生都会踏踏实实地进行专业学习,而不认同本专业的同学可能容易出现混日子、自甘堕落等消极学习状态。影响专业认同的原因是多种多样的,比如社会的文化进步、国家相关政策的改革、家庭对子女的期望、学校及周围环境等外在因素。也有部分原因是由于学生自身的因素,比如学生的兴趣、个人的价值观、自己对专业的了解等,这些内在与外在的因素都可能对学生专业的认同有着一定的影响。现有研究表明,学生对自己的专业认同度越高,将来越会形成较为明确的职业目标,久而久之也会提升自身的竞争力。相反,对于那些不太认同自己所选专业的学生,往往会出现就业目标不明确，或者说模糊的就业观，最后大多会导致就业困难。所以，作为青少年的大学生与职高生的专业认同是社会共同关注的一个突出问题，值得深入去探讨。

本书主要以青少年为样本，在分析大学生与职高生专业认同现状的同时，在人口变量上根据不同年级、不同性别、不同家庭状况、不同学习成绩、不同居住地、不同志愿选择、不同专业前景等维度进行研究，然后从影响专业认同的认知、情感、学习、态度等多个方面进行分析。通过结果分析，希望找到正确的切入点，提升青少年（大学生与职高生）的专业认同感，使学生更加愉悦、更加主动地投入到学习中去。同时，提高职业高中与大学教育的资源利用率，使学生在校期间的学习收获更大，更适应当今社会竞争的需求。帮助地方学校的相关部门有针对性地采取措施，正确干预学生的学习态度，提高青少年的学习效率与成果，从而达到学校的教育质量。所以，青少年专业认同的问题也必然成为研究人员共同关注的热点问题，值得我们去研究，我们也希望这个研究的结果能对青少年社会认同方面的问题提供帮助。

二、研究价值

(一) 理论意义

1. 有助于拓展青少年社会认同与专业认同的理论研究

根据社会认同理论，社会认同一般包括角色认同、认同学习与价值认同三个方面。价值认同指的是对群体共有的核心价值的接纳和认可。角色认同指的是个体能够赞同社会为某个角色设定的标准，并按照这个标准行事。认同学习指的是通过了解学习群体的规范，赞同规范体现者并在行动上与之趋同。基于此，大学生与职高生对所属专业群体的认同也可视为社会认同的一种表现。

认同是一个重要的心理现象，认同涉及很多领域，而专业认同就是影响青少年专业学习与职业发展的一个方面。目前，国内外的研究大部分集中在专业认同、职业符合、个人的职业认同等单个的研究。对尚未进入社会职业生涯的青少年来说，同时研究大学生与职高生专业认同，并分析两者之间差异的研究则很少。作为青少年的主体，大学生与职高生在校期间的学习是专业学习的过程，专业发展对他们来说至关重要，专业认同是专业发展的重要方面。我们分别对大学生与职高生的专业认同进行研究，同时对大学生与职高生在专业认同方面的差异进行分析。本书参照先前研究人员对专业认同的研究成果，通过对青少年的专业认同进行研究，分析大学生与职高生专业认同之间的关系。通过文献综述、量表测量和实证研究的结论进一步丰富专业认同的理论。

2. 有助于丰富青少年学习心理学和职业心理学的内容

本书的对象是青少年，主要包括在校大学生和职高生，对于在校学生最重要的学习和就业领域，需要学校教育给予足够的关注。本书开展的青少年专业认同研究，分别涉及大学生与职高生的专业学习和专业认同问题。青少年的专业认同直接影响他们未来的就业，进而影响他们的职业。因此，专业认同的研究和职业决策的研究相互交叉，把学习心理和择业心理有效地结合起来，研究领域涉及教育心理学和职业心理学的交叉领域，这可以丰富青少年心理学的理论，也可以进一步丰富职业心理学的内容，同时，还可以推动在学习心理和职业心理领域更多相关研究的开展。

(二) 实践意义

1. 了解当代青少年专业认同现状及发展特点

为了有效地开展专业学习的教育策略，首先要了解当代青少年专业认同的现状和发展特点。通过实证研究，发现当代青少年专业认同的现状和发展特点，了解大学生和职高生的学习心理状况。大学生与学前教学专业职高生专业认同问卷这一测量工具为开展调查研究提供了有效手段,有利于大学生与职高生之间认同程度的纵向比较,也有利于同为大学生或职高生的不同年级之间的专业认同发展特点的横向比较。

2. 为当代青少年对本专业的学习和未来职业的选择提供借鉴依据

研究大学生与职高生专业认同的问题是帮助在校青少年明白自己所学的专业,能够建立良好的专业认同感与促进他们努力学习专业知识的要求。参考当代青少年对所学专业认同的特点,更有针对性地开展学习心理和职业心理辅导,做到有的放矢,因材施教。研究探讨大学生与职高生专业认同的影响因素,可以在教育方面进行改进,通过改善学校的软硬件设施来促进专业认同。深入了解大学生与职高生的专业认同感,积极引导青少年建立良好的专业认同感,促进他们努力学好专业技能,为准备步入社会工作的青少年的职业选择做好充分的准备,从而迎接他们的职业生涯。

3. 为地方学校的教育政策制定与调整提供参考依据

对大学生与职高生专业认同的现状及差异进行研究,得出的研究成果可以促使高校与职业高中有效发挥资源优势,合理利用人力资源和教育资源,制定教育政策,调整教育内容和方法,改善专业学习环境,提高专业认同程度,提高教育成效,在教育实践中得到进一步检验。也有利于引导当代青少年建立良好的专业认同感,树立正确的就业观念,促使他们面向社会,结合市场需求,把专业学习和职业规划有机结合起来找到最佳结合点。

第二节 文献综述

一、相关概念的界定

(一) 认同

对专业认同进行研究,首先要从其核心概念"认同"入手,以及在"认同"理论上发展起来的其他认同领域,都是现有关于专业认同的研究理论。

"认同"在现代英语的翻译中有着不同的解释,有的翻译为"identity",有的翻译为"identification",在我们常用的中文里,可以理解为"同一、同一性",国内的不同研究人员对它的理解有着不同的意思。在本书中,"认同"和"同一性"只是翻译的方法不同,基本含义不再细微区分,当作含义是一致的。

认同这个词语在现今社会科学的多个领域得到使用,但其内涵和理论角色在不同的学科有不同的解释。心理学对认同方面的相关研究的聚焦点是个体关于认同发展历程、对认同的寻求、了解认同的危机、对自身的认同、对社会的认同,还有它所涵盖的认同类型,例如国家和民族的认同、个人对组织的认同和个体对自身职业的认同等。

在心理学的发展里程碑上,"认同"的概念最先由著名心理学家弗洛伊德提出。弗洛伊德认为,认同是个体与其他个人、社会群体或仿照对象在感情上、心理上达到相同的过程。后来,著名心理学家艾里克森又提出了新的概念:自我同一性,也称"自我认同"(Self Identity)。随着研究的进一步深入发展,认同这个概念的外延慢慢变大,并且广泛应用于各个领域的心理学,后来,很多研究者开始主动地对认同的相关研究进行系统的梳理。

"认同"作为一种个体的心理现象具有复杂的含义。国外许多著名的研究人员都对"认同"的含义进行了很多描述。1958年,研究人员Kelmna把"认同"定义为:个体由于想与另一个体或群体建立或保持自身愉悦的关系而接受对自身的影响时出现的心理活动。简单来说,它是指由于个体对某人或某群体产生好感而愿意接受别人态度心理活动的过程。然而1982年的Sawrrey认为,"认同"主要是指个体想与另一个体完全趋于相似,是一种对现有社会存在的影响而做出的反应,是希望个体变成对自己施加影响的人。根据美国"心理学全书"的记录,该书把"认同"理解为主体同化、吸收其他个人或事物,从而达到建构个体自身人格的过程。

同样地,国内研究人员对"认同"的理解存在不同的观点,概括起来主要有以下几个:"认同"是一种认识与情感甚至态度的转移过程。"认同"指的是在社会化的过程中,自己对其他个人的人格发生的持久和全面的参照学习。"认同"指的是由于某种动机而自主选择模仿其他个人的某些行为,是一种防御机制。"认同"有自居的作用,是把自身的亲人或者崇拜的人作为模仿的榜样或投射于自己的过程。"认同"也是指把个体变成所期望成为的人,表现出期望的人相同的态度或者行为。

从以上关于认同这一概念的定义不难看出,有些研究者是从认同概念所具有的动机特征来阐述认同的内涵,有的研究者是从认同所具备的功能方面表达认同概念,有的研究者则是参照内化的观点来理解认同概念,甚至有的研究者从认同的行为特征来解释认同的定义。

(二)社会认同的概念与范畴

按照社会心理学理论,认为社会认同是"个人通过自己(或他人)在某社群的成员资格把自己(或他人)与其他人区分开来,并将该社群内典型成员的特征冠于自己（或他人）身上，让自己（或他人）的特性等同于社群内典型成员的特性"。社会认同使得个体的思想行为与社会规范或社会期待相一致，是个体获得社会身份与群体归属的重要途径。本书中的社会认同指群体内每一个成员通过自我分类与社会比较，对于某个事项或问题现象的一种共同认识和评价。

（三）专业的认同

外国的研究有很多是关于个体专业认同方面的，其中大多数都蕴含在"Professional Identity"的调查中，与个人职业的认同一起进行，而关于"Speciality Identity"或者"Major Identity"的相关研究则很少见。国外关于专业认同的研究，很多是对专门职业的认同进行研究，这些认同研究的对象由教师、工程师、钢琴师等组成，对这些职业的专业认同进行研究调查，其实与职业认同基本一致。他们对高校大学生所选专业的认同研究相对较少，所以，在阅读众多文献的过程中对前人的理解进行总结后，结合大学生作为研究对象的特点以及结合本研究的实际情况，本书觉得王顶明（2007）对专业认同的理解比较切合实际。他认为，专业认同指的是"学习个体是在认知了解所学专业的基础上发自内心产生的接受和认同，并积极和主动地去探究，将自己所选与所学的专业视为自我认同"。这个定义的基本概念和本研究的思路相符合，所以，根据最后的整理，本书决定引用秦攀博（2009）对专业认同的定义作为本书对专业认同的定义。

秦攀博（2009）认为，专业认同指的是"学习的个体在对所选的学科进行认知与了解的基础上，在情感上产生的接受和认可，并伴随积极主动的外显行动和在内心表现出来的适应切合感，是一种个体在态度、认知甚至情感上的移入过程。"

（四）大学生与职高生的专业认同

在校学生是青少年的主体，因此本书的青少年专业认同主要包括大学生的专业认同与职业高中生的专业认同。国内大多数研究大都是对某一具体的群体进行研究,有的是单独把大学生当作研究对象或者单独把职高生当作研究对象进行的。也有很多学者就某一专业进行专业认同的研究:戴慧珊(2013)对上海某中职高护理专业学生的专业认同与学习适应性的关系进行了研究;黄芬(2017)对酒店管理专业的中职高学生的专业认同进行了调查研究;耿萌萌(2015)对江西省某职业高中的学前教育专业的学生进行了专业认同的研究。以上的研究都只是单独涉及大学生或者职高生的专业认同调查,而很少有研究把大学生与职高生作为同一个调查群体来分析。本书把大学生与职高生都作为青少年,他们之间的专业认同关系与影响因素值得我们深入去探讨。

二、国内外研究现状

(一) 国内关于专业认同的研究现状

在国内的研究中,关于青少年的专业认同的文献相对较多,关于大学生专业认同的,如王顶明(2007)认为,研究方向不同的学生,他们的专业认同处于相对较低的水平,他的研究也表明,专业、性别、年级与学生个体差异等都是专业认同的制约影响因子。彭艳红(2008)在对高师小学教育类学生研究后发现,其专业认同水平居于中等稍偏上。秦攀博(2009)有一项调查研究表明,国内高校学生对自己的专业认同处于中上的水平。另外,也有部分调查是专门对某些特殊专业的学生的认同进行的研究,例如,国内学者郭胜忠(2010)对某大学采矿工程专业学生的专业认同的问题进行了调查,结果表明采矿工程专业学生的专业认同水平相对较低。台湾学者李致莹(2006)对职能治疗专业的高校大学生进行了专业认同的调查研究,结果显示,专业认同水平在不同年级上存在一定程度的差异,而实习经验和实习教师都会影响到在校大学生对专业的认同程度。胡志海利用自编的《旅游专业大学生专业意识问卷》

对学习旅游职业专业的学生进行施测，结果表明，专业认同水平在性别变量上存在显著差异。杨晶（2007）的研究发现，高师生专业认同感整体水平都较高，但对师范院校的专业认同程度则较低，略低于平均水平。夏颖（2010）对国内某高校护理专业的学生进行调查后指出，护理专业学生的整体专业认同水平基本保持在各专业的平均水平等。

关于职高生专业认同的研究，如赵以文、袁潇和李永娟（2016）对中职高学生专业认同、学习动机和专业课成绩之间的关系进行研究，研究结果表明，专业认同高的学生比其他学生专业课成绩更好，学习动机更强，专业认同通过外部动机对专业课成绩有显著正向预测作用，自我控制力好的学生的专业课成绩更好，自我控制对学习动机和专业课成绩的调节作用不显著，专业认同和自我控制能够有效预测专业课成绩，自我控制对学习动机与专业课成绩之间的调节作用不显著。戴慧珊（2013）对上海某中职高护理专业学生的专业认同与学习适应性的关系进行了研究，结果发现，中职高护理学生的专业认同水平较高，学习适应性水平相对来说也较高，入学志愿、年级、生源地、每学期学习成绩等因素是护理学生专业认同的影响因素，而护理学生学习适应性的影响因素是就读原因、每学期学习成绩、专业方向、职务等，专业认同及其专业技能、专业价值观、专业意志维度对中职护理学生的学习适应性具有显著的正向预测作用。黄芬（2017）对酒店管理专业的中职高学生的专业认同进行了调查研究，从专业情感、专业认知、专业价值、专业意志四个维度考察学生专业认同情况，探查酒店管理学生专业认同的差异情况，并从学生层面、学校层面和社会层面分析了影响其专业认同的因素。耿萌萌（2015）对江西省某职业高中的学前教育专业的学生进行了专业认同的研究，结果显示，江西省某职高生的专业认同处于中等偏低的水平，学前教育专业认同在是否担任班干部、不同年级、不同学业成绩水平上存在显著差异，并发现：学前教育专业的总体客观情况、周围的学习氛围、选择学前教育专业的原因、专业的就业形势和重要他人的影响等几个方面是该校学前教育专业学生专业认同感的影响因素。

(二) 国外关于专业认同的研究现状

关于专业认同的国外研究中,大多数是关于职业进行认同的研究,其研究的对象也以在职人员为主,严格来讲,职业认同与专业认同是等同的。外国学校与国内不同,相比之下他们的学生在专业的选择方面比较自由,很少存在专业认同的问题,所以关于大学生与职高生专业认同的研究较少。例如,Madsen 和 Wendy(2008)等对某地区护士的职业认同进行了调查研究,也同样进行了护理这一专业的认同研究。Chia 等(2005)对刚毕业的管理人员进行了调查,研究表明,这些人所学的专业对自身的专业认同度和职业工作上的适应都有非常重要的作用。Henning(2001)根据自己的调查研究认为,专业认同的影响因子主要有4个,它们分别是专业化水平、个体的特点、职业定位与劳动报酬等因子。Valerie(2003)认为早期的职业经验和家庭教育是影响青少年认同建构的两个最主要的因素。Nehami(2004)对阿拉伯社会工作专业的学生进行专业认同研究,结果表明,专业的需求与个人的需要之间存在着矛盾,并发现个人空间的需要、对专业能力的质疑、在面对社会工作中所厌恶的事情而产生的困难、专业责任之间的矛盾是专业认同的4个主要影响因素。Welmond(2002)认为,教师专业认同能使教师精力充沛、有竞争意识、职业发展良好,敢于追求学术真理。Tracy(2006)在对高中生还有大学生所进行的专业认同的后续调查中证明了专业认同受到年级、成绩和性别的影响显著。

第三节 研究设计和方法

一、研究目的

为了深入探讨青少年专业认同的问题,本书主要对大学生与职高生的专业认同进行调查,对于大学生专业认同的测量,本书采用秦攀博(2009)关于大学生专业认同的《大学生专业认同问卷》进行调查。由于本书职业高中的被试来自学前教育专业,所以对于职高生的专业认同测量,本书决定采用耿萌萌(2015)通过访谈法编制的《学前教育专业中职高生专业认同的一般调查问卷》进行调查。两份问卷的信度和效度都较高。通过调查结果,描述当代青少年关于大学生专业认同和职高生专业认同的现状,尝试分析两者之间的关系,探讨两者之间的差异与影响因素,最后提出对策,加深青少年专业的认同,为在校青少年步入社会提供参考依据。

二、研究内容

(1)探讨大学生专业认同各个维度的相关关系以及对人口统计学变量的影响;

(2)探讨学前教育专业职高生专业认同各个维度的相关关系以及对人口统计学变量的影响;

(3)大学生专业认同与学前教育专业职高生专业认同的差异及共同影响因素。

三、本书的假设

（1）大学生在专业认同问题上存在男女性别差异；

（2）年级、专业志愿选择和本专业前景是大学生专业认同的影响因子；

（3）学前教育专业职高生在专业认同问题上存在男女性别差异；

（4）年级、学业成绩和家庭状况是学前教育专业职高生专业认同的影响因子。

四、本书的被试

本书的研究对象主要是来自于成都市两所职业高级中学和两所高校1000名在校学生，考虑到年龄、专业、性别等因素，采用随机抽样与整群抽样相结合的方式进行抽样调查。大学生被试为成都市两所高校大一到大四年级不同专业的大学生，职高生被试为成都市两所职业高中高一到高三年级学前教育的学生，总共发放了1000份问卷，其中有效问卷为936份，回收率达93.60%，详细分布情况如表3-1、表3-2、表3-3所示。

表3-1 被试总体的分布情况（N=936）

变量	类别	人口数量	百分比（%）
青少年学生	大学生	624	66.67
	高中生	312	33.33
性别	男	413	44.12
	女	523	55.88
年龄	16~17岁	184	19.66
	18~20岁	292	31.20
	21~23岁	380	40.60
	24~26岁	80	8.54

表 3-2 大学生在人口统计学变量上的分布情况（N=624）

变量	类别	人口数量	百分比（%）
性别	男	240	38.46
	女	384	61.54
年级	大一	162	25.96
	大二	200	32.05
	大三	176	28.21
	大四	86	13.78
专业志愿选择	自主选择	354	56.73
	父母和他人意愿	212	33.97
	调剂专业	58	9.30
专业前景	热门专业	174	27.88
	一般专业	328	52.57
	冷门专业	122	19.55

表 3-3 学前教育专业职高生在人口统计学变量上的分布情况（N=312）

变量	类别	人口数量	百分比（%）
性别	男	142	45.51
	女	170	54.49
年级	高一	108	34.62
	高二	110	35.25
	高三	94	30.13
学业成绩	较好	86	27.56
	中等	164	52.56
	较差	62	19.88
家庭状况	较好	112	35.90
	中等	176	56.41
	较差	24	7.69

如表3-1所示,本书总共发布了1000份问卷,有效问卷为936份,回收率达93.60%,其中男生413人,占比44.12%,女生523人,占比55.88%;16~17岁184人,占比19.66%,18~20岁292人,占比31.20%,21~23岁380人,占比40.60%,24~26岁80人,占比8.54%。

表3-2为大学生在人口统计学变量上的分布情况,在性别方面,大学男生240人,占比38.46%,女生384人,占比61.54%;在年级方面,大一162人,占比25.96%,大二200人,占比32.05%,大三176人,占比28.21%,大四86人,占比13.78%;在专业志愿选择方面,自主选择354人,占比56.73%,他人和父母意愿212人,占比33.97%,调剂专业58人,占比9.30%;在专业前景方面,热门专业174人,占比27.88%,一般专业328人,占比52.57%,冷门专业122人,占比19.55%。

表3-3为学前教育专业高职生在人口统计学变量上的分布情况,在性别方面,高职男生142人,占比45.51%,女生170人,占比54.49%;在年级方面,高一108人,占比34.62%,高二110人,占比35.25%,高三94人,占比30.13%;在学习成绩方面,较好86人,占比27.56%,中等164人,占比52.56%;较差62人,占比19.88%;在家庭状况方面,较好112人,占比35.90%,中等176人,占比56.41%,较差24人,占比7.69%。

五、研究工具

(一) 大学生专业认同问卷

结合实际情况,在大学生专业认同的调查中,本书采用第一个问卷是秦攀博(2009)编制的《大学生专业认同问卷》,该问卷一共设计了23个题目,包括四个维度:认知维度、行为维度、情感维度、适切维度,该问卷的信度与效度都较高,可以用来测量。各个维度的分布情况如下:行为维度的题目有6个,认知维度的题目有5个,适切维度的题目有4

个,情感维度的题目有 8 个,这四个维度的目的分别是调查学生的行为态度、专业认识程度、专业匹配程度和兴趣程度。问卷分为五级计分制,用 1 表示"完全不符合"、用 2 表示"大部分不符合"、用 3 表示"基本符合"、用 4 表示"绝大部分符合"、用 5 表示"完全符合",专业认同感的程度从高到低依次下降。本书采用的量表内部一致性信度是 0.89,属于较高水平,可以用来测量。

(二) 学前教育专业中职高生专业学习现状的一般调查问卷

结合实际情况,在职高专业认同的调查中,本书引用的第二个问卷是耿萌萌(2015)通过访谈法编制的《学前教育专业中职高生专业认同的一般调查问卷》,问卷主要是从情感和态度维度、认识维度、行为维度三个方面设计题目,该问卷的信度与效度都较高,可以用来测量。各个维度的分布情况如下:情感和态度维度的题目有 10 个,认识维度的题目有 10 个,行为维度的题目也有 10 个,问卷采用为五级计分法,用 1 表示"完全不符合"、用 2 表示"较不符合"、用 3 表示"说不清楚"、用 4 表示"较不符合"、用 5 表示"完全符合"。本书采用的量表无论是信度还是效度都属于较高水平,可以用来测量。

六、数据分析

本书首先要求青少年被试了解本书的目的,然后工作人员分别向大学生被试与职高生被试说明研究的注意事项,最后独立完成各自的问卷。回收问卷,并从中筛选出无效问卷,最后利用分析软件 SPSS22.0 对数据进行统计分析,包括描述性统计与推断性统计。

第四节 统计结果与数据分析

一、大学生专业认同的总体情况

本书对 624 名在校大学生的专业认同进行调查,采用的是秦攀博(2009)编制的《大学生专业认同问卷》,该问卷一共设计了 23 个题目,设计了四个维度:认知维度、行为维度、情感维度、适切维度,本书分析了专业认同的四个维度与总分的情况,同时考察了大学生专业认同程度。表 3-4 为大学生专业认同总体分布情况,分别分析了大学生专业认同的认知性、情感性、行为性、适切性与总分之间的平均数和标准差的分布情况。

表 3-4　大学生专业认同总体分布情况

	总分	认知性	情感性	行为性	适切性
M	3.49	3.61	3.67	3.26	3.32
SD	0.69	0.72	1.12	0.72	0.97

由表 3-4 可以看出,本书大学生的专业认同总平均分为 3.49±0.69,相比先前的其他研究,大学生被试总体上专业认同程度处于较高等次。四个维度大小排序为:情感性维度>认知性维度>适切性维度>行为性维度。认知性维度的平均值为 3.61±0.72,属于所有维度的均值中最高的,这间接表明大学生对本专业的认知性较高,较能理解本专业。行为性维度的平均值为 3.26±0.72,属于所有维度的均值中最低的,说明大学生在专业认同与自身行为上还不够匹配,需要进一步改善。

二、大学生专业认同的多元方差分析

本书以高校学生的专业认同总分和认同的情感性维度、认知性维度、适切性维度与行为性维度作为因变量,以年级、专业志愿选择情况、专业前景为自变量,进行多因素方差分析,以检验四个维度中的任意两个维度的交互作用是否显著,结果如表3-5所示。

表3-5 大学生专业认同的多元方差分析

项目	专业认同	认知性	情感性	行为性	适切性
年级	3.35**	1.94*	1.51*	6.01	2.43**
专业志愿选择	1.99	1.55*	2.46**	1.23*	1.13*
专业前景	0.91*	6.45	0.73*	1.30*	0.86*
年级×专业志愿选择	0.30*	0.99*	0.41*	0.64*	0.88*
年级×专业前景	2.20**	1.50*	0.83*	1.97**	1.81*
专业志愿选择×专业前景	4.53	1.67**	4.28	2.05**	3.16**
年级×专业志愿选择×专业前景	0.43*	0.34*	0.15*	0.004*	1.81**

注:* 表示 $p<0.05$;** 表示 $p<0.01$;*** 表示 $p<0.001$。

根据上面的多元方差分析的结果,我们可以看出,大学生专业认同总分在年级变量、专业前景变量与专业志愿选择变量上存在交互作用,这表明,大学生专业认同的情感性维度、认知性维度、适切性维度与行为性维度与大学生的年级变量、专业前景变量与专业志愿选择变量有显著的关联,大学生的年级变量、专业前景变量与专业志愿选择变量能很好地预测大学生专业认同,是影响大学生专业认同的影响因子,所以这里不再单独分析主效应,简单分析作用就可以了,详细分析结果见表3-6和表3-7。

表 3-6 大学生专业认同总分及因子在年级与志愿选择上的事后比较

年级	志愿选择	专业认同	认知性	情感性	行为性	适切性
大一	自主选择	3.92±0.53	4.05±0.39	4.35±0.64	3.98±0.55	3.89±0.58
	父母意愿	3.95±0.51	3.96±0.55	3.86±0.66	3.89±0.62	3.89±0.61
	调剂专业	4.00±0.49	4.13±0.61	4.32±0.57	3.78±0.57	3.96±0.55
大二	自主选择	4.12±0.56	3.98±0.59	3.96±0.52	3.88±0.52	3.84±0.59
	父母意愿	4.20±0.47	4.13±0.44	4.43±0.62	4.36±0.64	4.11±0.54
	调剂专业	3.99±0.43	4.23±0.54	4.51±0.59	4.03±0.57	3.87±0.44
大三	自主选择	3.67±0.50	4.15±0.63	3.97±0.66	3.89±0.65	3.97±0.62
	父母意愿	3.78±0.45	3.68±0.57	3.73±0.61	3.67±0.67	3.56±0.63
	调剂专业	3.98±0.44	4.51±0.53	3.95±0.69	3.88±0.56	3.93±0.59
大四	自主选择	3.81±0.54	3.76±0.66	3.86±0.52	3.77±0.50	3.96±0.53
	父母意愿	3.67±0.57	3.56±0.65	3.54±0.59	3.78±0.47	3.89±0.69
	调剂专业	3.98±0.52	3.95±0.39	3.73±0.69	3.78±0.44	4.03±0.61

表 3-7 大学生专业认同总分及因子在年级与专业前景上的事后比较

年级	专业前景	专业认同	认知性	情感性	行为性	适切性
大一	热门专业	3.92±0.53	4.15±0.37	4.05±0.61	3.88±0.54	3.69±0.54
	一般专业	3.85±0.52	3.86±0.55	3.96±0.62	3.79±0.66	3.83±0.64
	冷门专业	4.10±0.43	4.03±0.61	4.12±0.53	3.72±0.55	3.86±0.56
大二	热门专业	3.72±0.59	3.92±0.59	3.76±0.55	3.84±0.56	3.85±0.56
	一般专业	3.82±0.42	4.15±0.42	4.23±0.66	4.16±0.54	4.01±0.52
	冷门专业	4.11±0.43	4.22±0.51	4.21±0.54	4.03±0.53	3.73±0.46
大三	热门专业	4.17±0.54	4.12±0.60	3.77±0.65	3.79±0.63	3.77±0.52
	一般专业	3.80±0.45	3.28±0.53	3.83±0.67	3.77±0.66	3.76±0.61
	冷门专业	4.08±0.46	4.11±0.53	3.85±0.63	3.83±0.58	3.83±0.58
大四	热门专业	4.03±0.61	3.81±0.54	3.63±0.62	3.77±0.52	4.11±0.54
	一般专业	3.83±0.62	3.92±0.52	4.02±0.57	3.86±0.63	3.73±0.64
	冷门专业	4.12±0.55	3.77±0.45	3.87±0.56	3.93±0.57	4.02±0.53

如表 3-6 所示，在志愿选择层面的自主选择志愿选项中，自主选择的得分存在显著差异，说明一般专业在大一、大二、大三与大四这 4 个年级中得分不同，从表 3-6 也可以看出，自主选择在专业认同的几个维度中存在显著差异，具体表现为大二年级处于最高，其次是大一年级、大四年级，最低的是大三年级，即大二年级 > 大一年级 > 大四年级 > 大三年级。相反，表 3-6 的分析结果显示，调剂专业在大一、大二、大三与大四这 4 个年级的差距不大，调剂专业在专业认同总分及其几个维度之间的得分不存在显著的差异。

如表 3-7 所示，在专业前景层面的热门专业选项中，热门专业的得分存在显著差异，说明热门专业在大一、大二、大三与大四这 4 个年级中得分不同，根据表 3-7 也可以看出，热门专业在专业认同的几个维度中存在显著差异，具体表现为大三年级处于最高，其次是大四年级、大一年级，最低的则是大二年级，即大三年级 > 大四年级 > 大一年级 > 大二年级。冷门专业与一般专业在专业认同总分及其几个维度之间的得分不存在显著的差异。

综上所述，在专业前景的变量上，大学生 4 个年级的热门专业在专业认同及其认同的 4 个维度的得分上存在显著差异。具体表现为，大三年级处于最高，其次是大四年级、大一年级，最低的是大二年级，即大三年级 > 大四年级 > 大一年级 > 大二年级。然而大学生的冷门专业与一般专业在专业认同总分及其认同的 4 个维度的得分上不存在显著的差异。

在志愿选择变量上，大学生 4 个年级的自主选择在专业认同及其认同的 4 个维度的得分上存在显著差异。具体表现为，大二年级处于最高，其次是大一、大四年级，最低的则是大三年级，即大二年级 > 大一年级 > 大四年级 > 大三年级。然而调剂专业在专业认同总分及其认同的 4 个维度的得分上不存在显著的差异。

三、大学生专业认同在性别水平上的差异

本书的假设表明,大学生在专业认同问题上存在男女性别差异。为了验证性别水平可能会在大学生专业认同总分及其情感性维度、行为性维度、认知性维度和适切性维度上有差异,本书进行了大学生专业认同及其各个维度在性别水平上的差异比较,分析结果如表 3-8 所示。

表 3-8 大学生专业认同在性别水平上的比较差异

	专业认同	情感性维度	行为性维度	认知性维度	适切性维度
男	3.88±0.52	3.97±0.76	3.75±0.69	4.06±0.54	3.65±0.74
女	3.84±0.56	3.91±0.74	3.65±0.67	4.04±0.52	3.58±0.77
t 值	1.90**	2.16*	2.21*	0.44	0.64*

注:* 表示 $p<0.05$;** 表示 $p<0.01$;*** 表示 $p<0.001$。

从表 3-8 可以看出,大学生专业认同总分($t=1.90$,$p<0.01$)与情感性维度($t=2.16$,$p<0.05$)、行为性维度($t=2.21$,$p<0.05$)、适切性维度($t=0.64$,$p<0.05$)这 3 个维度在男女性别水平上存在显著差异,其中,在大学生专业认同总分(3.88>3.84)、情感性维度(3.97>3.91)、行为性维度(3.75>3.65)、适切性维度(3.65>3.58)这 4 个维度上都是男大学生显著高于女大学生,但认知性维度在男女性别水平上不存在显著差异。

四、大学生专业认同各个维度的相关分析

在本书中,大学生专业认同问卷分为四个维度,分别是认知性、情感性、行为性和适切性,其中认知性包含了第 1、第 2、第 3、第 4、第 5 题目,情感性包含了第 6、第 7、第 8、第 9、第 10、第 11、第 12、第 13 题目,行为性包含了第 14、第 15、第 16、第 17、第 18、第 19 题目,适切性包含了第 20、第 21、第 22、第 23 题目。各个维度之间、各个维

度与总体之间的相关分析情况见表3-9。

表3-9 大学生专业认同各个维度之间、各个维度与总体之间的相关分析

	认知性	情感性	行为性	适切性	总认同
认知性		0.538**	0.434**	0.424*	0.670**
情感性	0.538**		0.561**	0.450**	0.873**
行为性	0.434**	0.561**		0.553**	0.740**
适切性	0.424*	0.450**	0.553**		0.638**
总认同	0.670**	0.873**	0.740**	0.638**	

注：* 表示 p<0.05；** 表示 p<0.01；*** 表示 p<0.001。

结果如表3-9所示，无论是认知性、情感性、行为性、适切性4个维度之间的相关关系，还是4个维度与总认同之间的关系都存在显著的相关关系。我们发现，4个维度与总认同之间的相关关系要比4个维度之间的相关关系略高一点，其中，以情感性与总认同之间的相关关系最高，相关系数为 r = 0.873，这表明情感性在测量大学生专业认同方面显得比较突出。

五、学前教育专业职高生专业认同的总体情况

大学生和高中生都是青少年的主体，大学生作为高等教育，涉及专业的认同，而高中生则较少涉及专业的认同。由于职业高中也属于高中的范畴，而且职高生也开始涉及专业认同的方面，所以，为了方便研究，更好地分析青少年的专业认同现状与影响因素，本书决定用职业高中学生作为青少年的被试群体，对312名学前教育专业的职高生的专业认同进行调查，采用的是耿萌萌（2015）通过访谈法编制的《学前教育专业中职高生专业学习现状的一般调查问卷》，问卷主要是从情感和态度维度、认识维度、行为维度三个方面设计题目。本书分析了学前教育专业职高生的专业认同总分与3个维度的分布情况，同时考察了学前教育专业职

高生的专业认同程度。表3-10分析了职高生专业认同的情感和态度维度、认识维度、行为维度与专业认同总分之间的平均数和标准差的分布情况。

表3-10 学前教育专业职高生认同总体分布情况

	总分	认识维度	情感和态度维度	行为维度
M	16.45	6.63	5.42	4.57
SD	0.74	0.68	0.59	0.65

由表3-10可以看出，本书中学前教育专业职高生的专业认同总平均分为16.45±0.74，相比之前的有关研究，学前教育专业职高生被试总体上专业认同程度处于中等偏低水平。三个维度大小排序为：认识维度 > 行为维度 > 情感和态度维度。认知维度的平均值为6.63±0.68，属于所有维度的均值中最高的，这间接表明，学前教育专业职高生对本专业的认知性较高，较能理解本专业。情感和态度维度、行为维度的平均值分别为5.42±0.59、4.57±0.65，处于较低水平，这说明学前教育专业职高生在专业认同的情感与态度以及学习行为上还存在问题，有待提高。这可能是由于职业高中的教学管理、专业情感、专业宣传等方面工作做得不够深入。

六、学前教育专业职高生专业认同的多元方差分析

本书以学前教育专业职高生的专业认同总分和认同的情感和态度维度、认识维度、行为维度作为因变量，以年级、学业成绩、家庭状况为自变量，进行多因素方差分析，检验三个维度中的任意两个维度的交互作用是否显著，结果如表3-11所示。

表 3-11 学前教育专业职高生专业认同的多元方差分析

项目	专业认同	认识维度	情感和态度维度	行为维度
年级	1.65*	2.24*	1.33*	3.01
学业成绩	1.87**	1.67*	2.15*	2.31*
家庭状况	1.71	1.42	0.73	2.46
年级×学业成绩	1.94*	1.59*	1.49*	0.84*
年级×家庭状况	1.13	0.96	0.93*	1.43
学业成绩×家庭状况	2.53	1.67*	2.36	1.03*
年级×学业成绩×家庭状况	1.43*	2.31*	1.12*	0.43*

注：* 表示 $p<0.05$；** 表示 $p<0.01$；*** 表示 $p<0.001$。

根据表 3-11 的多元方差分析的结果，我们不难看出，学前教育专业职高生专业认同总分在年级变量、学业成绩变量与家庭状况变量上存在交互作用，这表明，学前教育专业职高生专业认同的认识维度、情感和态度维度、行为维度与学前教育专业职高生的年级变量、学业成绩变量有显著的关联，学前教育专业职高生的年级变量、学业成绩变量能较好地预测学前教育专业职高生专业认同，是影响学前教育专业职高生专业认同的影响因子，所以这里不再单独分析主效应，简单分析作用就可以了，详细分析结果见表 3-12、表 3-13。

表 3-12 学前教育专业职高生专业认同总分及因子在年级与学业成绩上的事后比较

年级	学业成绩	专业认同	认识维度	情感和态度维度	行为维度
高一	较好	16.93±0.51	5.85±0.38	5.55±0.62	5.78±0.51
	中等	16.85±0.61	5.69±0.55	5.66±0.56	5.73±0.72
	较差	16.79±0.49	5.63±0.62	5.52±0.59	5.98±0.53
高二	较好	16.11±0.57	5.78±0.59	5.86±0.51	5.64±0.71
	中等	16.80±0.47	5.93±0.44	5.63±0.64	5.96±0.54
	较差	16.69±0.43	6.03±0.51	5.81±0.69	6.04±0.53

第三章 网络化时代青少年专业认同调查研究

续表

年级	学业成绩	专业认同	认识维度	情感和态度维度	行为维度
	较好	17.27±0.52	5.95±0.53	5.91±0.56	5.84±0.63
高三	中等	16.78±0.55	5.72±0.53	5.65±0.65	5.77±0.76
	较差	16.78±0.41	5.71±0.56	5.75±0.52	5.72±0.46

表 3-13　学前教育专业职高生专业认同总分及因子在年级与家庭状况上的事后比较

年级	家庭状况	专业认同	认识维度	情感和态度维度	行为维度
	较好	16.83±0.59	5.82±0.93	5.75±0.46	5.78±0.45
高一	中等	16.59±0.62	5.69±0.65	5.68±0.63	5.83±0.63
	较差	17.14±0.49	5.93±0.68	6.23±0.75	5.98±0.75
	较好	17.04±0.65	5.89±0.95	5.69±0.51	5.68±0.54
高二	中等	16.80±0.74	5.93±0.48	5.83±0.52	5.56±0.46
	较差	16.89±0.45	6.23±0.64	6.11±0.59	6.23±0.75
	较好	16.76±0.53	5.75±0.36	5.79±0.96	5.69±0.56
高三	中等	16.63±0.54	5.69±0.57	5.71±0.51	5.69±0.76
	较差	16.98±0.61	6.31±0.53	5.95±0.69	5.88±0.65

如表 3-12 所示，在学业成绩层面的成绩较好选项中，学业成绩得分存在显著差异，说明学业成绩较好在高一、高二、高三这 3 个年级中得分不同，根据表 3-12 也可以看出，学业成绩较好的学生在专业认同的几个维度中存在显著差异，具体表现为高三年级处于最高，其次是高二年级，最低的是高一年级，即高三年级>高二年级>高一年级。相反，根据表 3-12 的分析结果显示，学业成绩中等与学业成绩较差在高一、高二、高三这 3 个年级的差距不大，这说明学业成绩中等与学业成绩较差的学生在专业认同总分及其 3 个维度之间的得分不存在显著的差异。

如表 3-13 所示，在家庭状况的家境较差选项中，家庭状况的得分存在显著差异，说明家境较差在高一、高二、高三这 3 个年级中得分不同，根据表 3-13 也可以看出，家境较差的学生在专业认同的几个维度中存在显著差异,具体表现为高一年级处于最高,其次是高三年级,最低的是高二年级,即高一年级>高三年级>高二年级。家境较好与家境中等的学生在专业认同总分及其几个维度之间的得分不存在显著的差异。

综上所述,在学业成绩的变量上,学前教育专业职高生3个年级的学业成绩较好在专业认同及其认同的3个维度的得分上存在显著差异。具体表现为,高三年级处于最高,其次轮到高二年级,最低的则是高一年级,即高三年级>高二年级>高一年级。然而学前教育专业职高生的成绩中等与成绩较差在专业认同总分及其认同的3个维度的得分上不存在显著的差异。

而在家庭状况变量上,学前教育专业职高生3个年级的家境较差在专业认同及其认同的3个维度的得分上存在显著差异。具体表现为,高一年级处于最高,其次是高三年级,最低的是高二年级,即高一年级>高三年级>高二年级。而家境中等与家境较好的学生在专业认同总分及其认同的3个维度的得分上不存在显著的差异。

七、学前教育专业职高生专业认同在性别水平上的差异

本书的假设表明,学前教育专业职高生在专业认同问题上存在男女性别差异。为了验证性别水平可能会在学前教育专业职高生专业认同总分及其情感和态度维度、认识维度、行为维度上有差异,本书进行了学前教育专业职高生专业认同及其各个维度在性别水平上的差异比较,分析结果如表3-14所示。

表3-14 学前教育专业职高生专业认同在性别水平上的比较差异

	专业认同	情感和态度维度	认识维度	行为维度
男	16.74±0.45	5.53±0.67	6.62±0.63	4.67±0.45
女	16.86±0.43	5.61±0.65	6.75±0.62	4.73±0.47
t值	2.12**	1.77	2.06*	1.32*

注:* 表示 $p<0.05$;** 表示 $p<0.01$;*** 表示 $p<0.001$。

从表 3-14 可以看出，学前教育专业职高生专业认同总分（t = 2.12，p < 0.01）与认识维度（t = 2.06，p < 0.05）、行为维度（t = 1.32，p < 0.05）这两个维度在男女性别水平上存在显著差异，其中，学前教育专业职高生专业认同总分（16.86 > 16.74）、情感和态度维度（5.61 > 5.53）、认识维度（6.75 > 6.62）、行为维度（4.73 > 4.67）这 4 个维度上都是女职高生显著高于男职高生。

八、学前教育专业职高生专业认同各个维度的相关分析

在本书中，学前教育专业职高生专业认同问卷分为三个维度，分别是情感和态度维度、认识维度、行为维度，各个维度的分布情况如下：情感和态度维度的题目有 10 个，认识维度的题目有 10 个，行为维度的题目也有 10 个。各个维度之间、各个维度与总体之间的相关分析情况如表 3-15 所示。

表 3-15　学前教育专业职高生专业认同各个维度之间、各个维度与总体之间的相关分析

	情感和态度维度	认识维度	行为维度	总认同
情感和态度维度		0.467*	0.397	0.447*
认识维度	0.614**		0.615*	0.741**
行为维度	0.389	0.632**		0.683**
总认同	0.551*	0.738**	0.694**	

注：* 表示 p < 0.05；** 表示 p < 0.01；*** 表示 p < 0.001。

如表 3-15 所示，无论是情感和态度维度、认识维度和行为维度这 3 个维度之间的相关关系，还是 3 个维度与总认同之间的关系都存在显著的相关关系，根据结果不难看出，3 个维度与总认同之间的相关关系要比 3 个维度之间的相关关系略高一点，其中，以认识维度与总认同之间的相关关系最高，相关系数 r = 0.741，表明认识维度能很好地反映出学前教育专业职高生的专业认同程度。

网络化背景下青少年社会认同的研究

第五节 讨 论

本书的研究目的是进行青少年专业认同的调查分析，探讨青少年专业认同的影响因素，通过对成都市两所高校和两所职业高中的 936 名在校学生（其中大学生 624 名，学前教育专业职业高中生 312 名）进行问卷调查，并对调查的数据进行统计学分析，分别描述了高校大学生专业认同的总体现状、高校大学生专业认同的多元方差分析、大学生专业认同在性别水平上的差异、大学生专业认同各个子维度相关分析；学前教育专业职高生专业认同的总体现状、学前教育专业职高生专业认同的多元方差分析、学前教育专业职高生专业认同在男女性别上的差异、学前教育专业职高生专业认同各个子维度相关分析。结果表明，年级和性别是影响青少年专业认同的共同影响因素；专业志愿选择与专业前景是影响大学生专业认同的因素，学业成绩与家庭状况是影响学前教育专业职高生专业认同的因素；青少年的专业认同在性别水平上存在显著差异，其中在大学生专业认同的被试中，男性被试显著高于女性被试，而在学前教育高职生专业认同的被试中，女性被试显著高于男性被试。

一、大学生被试专业认同状况及其影响因素

本书引用大学生专业认同问卷，调查了 624 名各个专业在校大学生，通过研究发现，本书大学生被试的专业认同总平均分处于较高水平（M = 3.49）。专业认同的四个维度中得分最高的是情感性维度（3.67 分）。此结果与以往大学生的专业认同研究结果相比，本书大学生被试的专业认同水平相对较高。秦攀博（2009）的研究结果显示，大学生专业认同总

平均分 M = 3.35 分，专业认同的四个维度中得分最高的是认知性维度（3.45 分）；张丹钢（2012）的研究结果显示，大学生专业认同总平均分 M = 3.33 分，专业认同的四个维度中得分最高的是适切性维度（3.62 分）。从本书的研究结果以及其他大学生专业认同的研究结果不难看出，本书大学生被试对自己所学习的专业是普遍认同的，并且情感性认同是本书大学生被试专业认同的主要方式。

本书还发现，大学生被试专业认同在专业志愿选择、专业前景和年级上存在交互作用。

在专业前景的变量上，大学生 4 个年级的热门专业在专业认同及其认同的 4 个维度的得分上存在显著差异。表现为，大三年级处于最高，其次是大四年级、大一年级，最低的是大二年级（大三年级 > 大四年级 > 大一年级 > 大二年级），而在志愿选择变量上，大学生 4 个年级的自主选择在专业认同及其认同的 4 个维度的得分上存在显著差异。表现为，大二年级处于最高，其次是大一、大四年级，最低的是大三年级（大二年级 > 大一年级 > 大四年级 > 大三年级）。

大学生专业认同总分与情感性维度、行为性维度、适切性维度这 3 个维度在男女性别水平上存在显著差异，均表现为男大学生显著高于女大学生，而认知性维度在男女性别水平上不存在显著差异。

在相关性方面，认知性、情感性、行为性、适切性 4 个维度之间的相关关系，与总认同之间都存在显著的相关关系。

二、学前教育专业职高生被试专业认同状况及其影响因素

本书引用学前教育专业中职高生专业学习现状的一般调查问卷，调查了 312 名学前教育专业职业高中生，通过研究发现，本书学前教育专业职高生被试的专业认同总平均分处于中等偏低水平 M = 16.45。专业认同的 3 个维度中得分最高的是认识维度（6.63 分）。此结果与以往职高生

的专业认同研究结果相比，本书学前教育专业职高生被试的专业认同水平相对较低。耿萌萌（2015）的研究结果显示，学前教育专业职高生专业认同总平均分 M = 19.62 分，而情感和态度维度、认识维度和行为维度的平均分相近。从本书的研究结果以及其他职高生专业认同的研究结果不难看出，本书学前教育专业职高生被试对自己所学专业是基本认同的，并且认识维度可以较好地反映本书学前教育专业职高生被试专业认同程度。

本书还发现，学前教育专业职高生被试专业认同在年级、学业成绩和家庭状况上存在交互作用。

在学业成绩的变量上，学前教育专业职高生 3 个年级的成绩较好，在专业认同及其认同的 3 个维度的得分上存在显著差异。表现为，高三年级处于最高，其次是高二年级，最低的是高一年级（高三年级＞高二年级＞高一年级）。而在家庭状况变量上，学前教育专业职高生 3 个年级的家境较差，在专业认同及其认同的 3 个维度的得分上存在显著差异。表现为，高一年级处于最高，其次是高三年级，最低的是高二年级（高一年级＞高三年级＞高二年级）。

学前教育专业职高生专业认同总分与认识维度、行为维度这 2 个维度在男女性别水平上存在显著差异，均表现为女职高生显著高于男职高生，而情感和态度维度在男女性别水平上不存在显著差异。

在相关性方面，情感和态度维度、认识维度、行为维度 3 个维度之间的相关关系，与总认同之间的关系都存在显著的相关关系。

三、大学生专业认同与职高生专业认同的差异性

本书为了解青少年专业认同的现状和影响因素，分别分析了大学生专业认同和学前教育专业职高生专业认同的男女性别差异，结果发现，大学生专业认同被试在性别水平上是男学生显著高于女学生，而学前教

育专业职高生专业认同被试在性别水平上却是女学生显著高于男学生，造成这种差异可能是由于高校与职业高中的男女性别差异、专业差异等原因造成的，未来的研究需要进行深入的探讨，进一步丰富这方面的研究成果。

本书还探讨了青少年专业认同的影响因素，分别分析了大学生专业认同和学前教育专业职高生专业认同的影响因素，结果发现，年级是影响青少年专业认同的共同因素，而大学生专业认同的影响因素是专业志愿选择与专业前景，学前教育专业职高生专业认同的影响因素是学业成绩与家庭状况，造成这种差异可能是由于高校与职业高中的培养方案、专业设置、就业形势等原因造成的，未来需要进一步证实这些原因。

四、本书不足与未来深入研究方向

（1）本书选取的青少年样本来自于成都市两所高校和两所职业高中的在校学生，由于研究方向与条件的显示，选取的样本未涉及初中生，对于研究结果的推广在一定程度上有局限性。

（2）本书采用了整群抽样与随机抽样相结合的抽样方法，抽样方法可能比较单一，在今后的研究中需要采取多元化的抽样方法。

（3）在研究方法上，本书主要是采取了问卷调查法与文献分析法，可能无法细致了解更深层次的问题，在今后的研究中可以加入访谈法等其他方法。

（4）本书讨论出来的研究成果需要进一步进行深入的论证。今后的研究可以考虑其他中介变量、调节效应等因素。

第六节 建 议

本书旨在通过文献研究和问卷调查的基础上，研究当代青少年专业认同的现状与影响因素，从而提出相应的教育建议。根据此次问卷调查的研究结果，通过多元方差分析、差异性检验、相关分析等方法分析了大学生和学前教育专业职高生的专业认同现状，得出了影响专业认同的因素。在大学生专业认同的各个维度中，情感性认同维度对大学生专业认同的影响最大；在学前教育专业职高生专业认同的各个维度中，认识维度最能反映职高生的专业认同程度。本书采取了多元方差分析、差异性检验等方法进行研究，分别分析了大学生、学前教育专业职高生专业认同的性别差异和影响因素。本书还使用了相关分析法，分析了大学生专业认同各个维度的相关关系与学前教育专业职高生专业认同各个维度的相关关系。因此，根据研究结果，结合以往的有关研究，本书针对青少年专业认同的研究结果，分别给大学生专业认同、学前教育专业职高生专业认同提出以下建议。

一、对大学生专业认同的建议

（一）提升专业声望

通过扩大对高校相关专业的宣传力度，增强相关专业的社会效应，加深公众对于相关专业的了解程度（特别是冷门专业），使每一个专业的地位大幅度提升。要在中央政府部门的领导下、教育及有关机构的协助配合下，做好关于专业政策、法律法规的普及工作，使公众能够充分感知高校所学专业，促进高校专业的发展与进步；应该在高校强化对在校大学生宣传专业教育的特点，使学生能全面了解每一个自己选的专业，通过在高校中举行各类丰富多彩的活动，展示每个专业带来的优势与成果，使学生及广大家长了解到每个专业的重要性。

（二）改善本专业的学习条件

通过优化课程设置，增加内容丰富、形式多样的实践类课程，逐步培养并增强学生对每一个专业的学习兴趣。合理的课程设置是学校培养高素质、高层次专业人才的基础，是学生进行专业学习的导航。通过调查发现以下现象：在教学实践的过程中，很多学生刻苦学习专业知识，但缺乏实践，没有通过前人的实践吸取经验。针对上述现象，要重视以实践为主的教学课程，合理设置，将实践和理论学习相结合，提高学生在实际操作中的技能，提升老师的教学能力，加大创新的力度。

（三）培养相关专业的学习兴趣

高校作为培养社会人才的场所，应该及时关注相关类专业学生的学习积极性与兴趣点，强化课外活动中的专业。比如，在校园组织各种丰富多彩的专业活动。高校学生的性格各有千秋，个性化比较张扬、差异化明显，优点、缺点显著，要关心他们的兴趣、特长，以课外活动为平台，使学生充分发挥优势，因势利导，在专业的学习中茁壮成长。

二、对职高生专业认同的建议

（一）进行正面客观的招生宣传，提升学生与家长对中职高学校专业的了解

职业高中的招生，往往采取多种招生方式（比如，正式招生、学校教师领取招生指标下到各地市招生或者两者结合等方式），这种方式的弊端是教师往往为了完成指标而对学生传达的信息有些夸大而不客观，比如对专业进行不正确的宣传，导致学生没有了解到最真实可靠的信息。

针对这种现状,学校应该改变原有的招生思路。

首先,利用好网络这个平台,加强学校网站的建设,通过网站对学校各个专业的总体发展与就业状况等做好详细的介绍,这样可以使浏览网站的家长和学生对学校各个专业有更全面客观的了解,从而增加专业认同感。

其次,随着新型社交软件的开发,更多的家长与学生活跃在各大社交平台,学校应该拓宽宣传渠道,让学生与家长从多角度了解专业设置和结构。

最后,开展跨区域的招生宣讲会,加大专业宣传力度。宣讲会上可以同学生和家长进行面对面的沟通,在现场可以采用视频播放方式宣传各个专业的情况。

(二) 加强专业认同思想教育,帮助学生建立正确的专业价值观

首先,在学生入学时应进行一次正式的专业介绍会,将学校的各个专业的课程设置、师资队伍、教学条件等进行介绍说明,对学生提出的各种关于专业的问题给出现场回答,让学生对新环境与新专业有所了解,以便更好地提高学生的专业认同度。

其次,在日常的教学活动中避免对所教的专业表现出消极和否定的态度,使学生产生不良的心理暗示,进而对所学专业形成不良的评价。同时,学校可以在每个学期举办相关专业的宣传周或专业技能大赛,鼓励更多本专业的学生参与进来,树立学生的自信心,提高他们的自我效能感,从而提高专业认同感。

(三) 营造积极良好的学习氛围

在学校的学习生活中,学习氛围作为教育非常重要的软环境,值得我们去关注,对学生的专业学习以及专业认同的提升具有重要作用。大到学校的学习氛围,小到班级的学习氛围,都会对个体产生不同(积极或者消极)的影响。可见,学习氛围对职业高中学生的专业学习起到了至关重要的作用。同时,加强心理健康教育,为学生提供强有力的心理支持,也是提高学生专业认同感必不可少的因素。所以,要想提高学前教育专业学生的专业认同感,必须营造积极良好的学习氛围。

第四章　网络化时代青少年婚恋价值观的影响因素研究

作为青少年价值观主要内容之一的婚恋价值观，一直是学术界研究的重点和热点。研究表明，不同的时代、不同的文化背景对青少年婚恋价值观的影响不同，表现出明显的时代差异。当前，网络化时代下青少年婚恋价值观也面临着巨大的挑战，如性爱抉择观、婚姻角色观、婚姻自主观、婚姻倾向、恋爱动机、婚姻忠诚观、婚姻价值观等观念被打破，新的婚恋价值观还未被构建或者尚未成熟。同时，此阶段的青少年由于身心还没有发展成熟，所以容易被一些不科学、不合理的婚恋观念侵蚀。此外，从众心理也是青少年的一大特点，出于好奇和效仿以及性道德观念淡薄等，青少年易出现性滥交以及性犯罪等违法行为，对其未来发展产生不利影响。

第一节　引　言

一、社会认同的含义及特点

认同（Identification）的概念来源于西方，常被翻译为"同一性"，如自我同一性等，不同的学者对此有不同的界定。Theodorson 认为，认同是个体内化他人的价值观、社会期望等，并将此表现在个人的行为之中（Theodorson，1986）。张春兴（1992）则认为，"认同是个体模仿、内化他人的行为方式、态度观念、价值标准，从而使自己与他人或群体趋于一致的心理历程"。心理学家关注个体认同的形成机制以及发展过程、自我认同的产生以及发展等，其认为认同是个体向比自己地位或成就高的人的认同，以消除个体在现实生活中因无法获得成功或满足时而产生的挫折所带来的焦虑。另外，费穗宇（2001）从另一个角度研究认同，其认为认同不仅是个体将他人的价值观、行为内化到自我中，也包括为了达到平衡被他人同化的过程。

综上，不同学者从不同的角度对认同进行了不同的定义，但共同揭示了认同的基本内涵，即个体为了避免自身的焦虑，达到心理平衡，将别人的价值观、道德标准、行为方式等内化到自我思想、行为中，或者被他人同化。

Tajfel 和 Turner（1986）根据对象的不同，将认同分为"个人认同"（Self-identity）和"社会认同"（Social-identity）。个人认同主要指个体对自己一定独特性的意识，由此，个体认同使个体在时空上确立自己是同一个人而不是其他人。社会认同是个体对自己处于一定社会群体、社会范畴的意识，由此社会认同是个体意识到进而强化自己在一定社会范畴上与其他一部分人同一或类似，而与另一部分人存在差异（韩静，2009）。换言之，个体通过社会分类对自己所属群体产生认同，并产生内群体偏爱和外群体偏见（张莹瑞、佐斌，2006）

文献表明，社会认同的基本过程包含三个方面：社会类化（Categorization）、社会比较（Comparison）、积极区分（Positive Distinctiveness）。社会类化主要指把社会对象、人、事件的归类过程，在这个过程中个体将内群体和外群体进行区别；社会比较是指个体将内群体与外群体在行为方式、价值标准和社会地位等方面进行比较,进一步强化个体自己的内群体认同,保持与外群体的距离;积极区分是指个体利用自己的群体身份作为自己自尊源泉的过程,如通过和社会地位低的群体进行比较后,就会提升自己的自尊水平,并易产生内群体偏好和外群体偏见。

由于社会认同过程中会产生社会比较,并对个体的社会认同产生重要影响,加之当前网络化时代,青少年上网时间越来越多,异化了青少年社会比较的路径。然而这一阶段青少年的社会观、价值观、世界观还未成熟,对自身社会身份、职业发展以及婚恋观的认知还不完善,加之虚拟网络的冲突以及网络共同体的随意性和模仿性等因素的影响,青少年阶段所面临的认同危机可能会加剧。

根据上述分析,本书中的社会认同指群体内每一个成员通过自我分类与社会比较,对于某个事项或问题现象的一种共同认识和评价。本书从青少年的婚恋观角度切入,研究人口统计学因素对青少年婚恋观的影响机制,并根据研究结果提出相应的建议与对策。接下来本书主要从青少年婚恋观的含义、研究现状以及人口统计学等方面进行分析。

二、青少年婚恋观的含义及特点

婚恋观是指人们对婚姻、恋爱问题的基本认知,影响着人们对待婚姻、恋爱问题的态度和角色责任的承担(杨淑萍、杨俊平,2013;赵冰洁,2002)。青少年婚恋观则指青少年对恋爱、婚姻中的角色扮演、忠诚度以及生活等问题的基本认识,即青少年对待婚姻和恋爱的主观内在看法和标准(杨南丽,2007;邱吉等,2011)。研究表明,婚恋观不仅影响个体对恋爱对象、终身伴侣的选择,还会影响个体在恋爱和婚姻过程中的责任和义务的承担。

婚恋观体现了人们在婚姻、恋爱问题上的价值观,主要包含恋爱观、婚姻观、性观念等内容(王飞,2015),具有主观性、可变性、时代性、相对稳定性等特征。具体来讲：①主观性是指青少年对待婚姻和恋爱的内在标准和主观看法，是支配人类行动的内部动力；②可变性是指婚恋观会随着个体年龄的增长、环境的改变、阅历的丰富发生变化；③时代性，每个时代由于政治文化的差异，社会的发展无不在婚恋观上打下深深的烙印，如工农兵年代，谈恋爱打上了深深的阶级烙印，配偶须是"根正苗红"，后来社会尊重知识、人才，择偶标准开始注重学识修养，需要谈得来、情投意合（苏红，2006）；④相对稳定性是指个体婚恋观虽然具有可变性，但在较长一段时期内还是相对稳定的，并不是每时每刻都在改变。

通过对国内外现有文献的梳理可知，对婚姻和恋爱的研究可以追溯到19世纪40年代弗洛伊德时期（苏红和任永进，2008）。Knox和Zusman的研究表明，恋爱在高校中很常见，且国外比较支持青少年谈恋爱，他们认为婚姻幸福的基础是爱情，没有爱情的婚姻是不长久的（Brantley，2002）。此外，外国学生对婚姻的期待比较积极，并承诺婚姻是一辈子的责任（Marti et al.，2001），Salts等（1994）研究发现，女生较男生对婚姻拥有更积极的态度。

而我国对婚恋观的研究起步很晚，直到20世纪80年代，随着社会主义市场经济的发展，思想越来越开放，婚恋问题愈加成为研究的热点（雷文斌，2015）。传统性别角色分工主张男主外、女主内，女性应以家庭为重，忽视自身在公共职业领域的价值。改革开放到20世纪90年代中期，受西方思潮的影响，男女平等意识的增强、贞操观念的淡薄和离婚的增加，女性更加独立，主体意识增强，半数以上的女青少年开始依靠自己的努力追求自己在公共事业领域的价值，用实际行动证明"谁说女子不如男"（王勤和梁丽，2011），进一步打破了传统的性别角色观念（杨淑萍和杨俊平，2013）。如今，随着社会主义现代化不断推进，现代科技的进步，社会价值的多元化，人们的性观念、婚前性行为、性道德发生了质的变化。虽然大部分人的婚恋观仍以传统观念为主，认为不应该在婚前发生性行为，性与婚姻是统一的，并十分看重婚姻对人生的意义（卢淑华，1997），但人们对婚前性行为的容忍度提高，对婚姻的依赖性明显降低，越来越追求自身的价值，尤其是女性，这也体现了传统性别角色对女性的限制和束缚正在逐渐削弱。

综上，婚恋观作为一种观念形态，并不是一成不变的，会随着时代的变迁而发生变化，并深深地烙印在每一代人的身上。当下正处于婚恋观的转型时期，旧的传统婚恋观遭到挑战，而新的观念还未成形，因此，很多不合理的观念乘虚而入，给青少年带来前所未有的灾难（赵冰洁，2002）。这些观念，一方面不仅直接影响到当代青少年的身心健康和学业成就，还关系到他们将来能否拥有幸福的家庭，成为优秀的婚恋楷模；另一方面也加剧了他们婚姻的不稳定性和商品化，同时忽视了应有的道德行为规范，进一步阻碍我国和谐社会建设的进程。因此，下文将对青少年婚恋观的相关内容（如婚恋现状、恋爱动机、婚前性行为、择偶标准）以及网络使用情况对大学生婚恋观的影响进行综述，并指出当前青少年婚恋观中存在的问题与矛盾，提出解决策略。

三、研究现状

研究表明，虽然青少年中存在一些不合理、不全面、不科学的婚恋观，但是多数青少年还是拥有积极健康的婚恋观念和长期稳定的婚恋状态，具有比较成熟、理性、健康的婚恋期待。当代青少年正处于社会转型期，旧的传统观念被打破，新的理念还未建立或成熟，使得他们的婚恋观也处于相对混乱的局面，表现为传统与现代的相互交织、结合的矛盾体，恋爱动机和恋爱行为的错位，对真爱的追求和对物质的沉迷之间的矛盾，传统择偶标准和现代择偶标准的冲突，对婚姻忠诚度、专一性的追求以及对婚前性行为的高度宽容的矛盾等（杨南丽，2007）。这些理想与现实之间的差距已经成为青少年处理婚恋问题的阻碍，进而影响他们对婚恋问题的准确判断和应对方式。

目前，我国青少年普遍存在的婚恋观是：①随着年龄越大，恋爱动机越具有现实主义倾向；②在校学生更倾向于追求真爱、两情相悦，职业青少年更倾向于以结婚为目的的恋爱；③婚恋观更为开放，尤其是对婚前性行为的认可程度，男性比女性更为开放，且具有双重标准；④城市青少年比农村青少年在婚姻自主性和婚姻忠诚度上存在显著差异，且更为开放（王飞，2015）；⑤青少年恋爱和婚姻统一性的观念淡化，即他们认为恋爱不一定要结婚，但感情发展到一定程度是可以发生婚前性行为的（左红梅，2011）；⑥在择偶标准上，当代青少年更加注重人品和情谊以及双方情投意合（张国华，2008）；⑦当代互联网的飞速发展，美剧的盛行，使得青少年很容易接触到美国的文化，尤其是美国性开放的文化，而青少年尚处于成长成熟的过渡阶段，对于一部分是非判断尚不明朗，没有形成正确、健全的价值观，因此易受西方文化的影响，反映在婚恋观上的特点是：更加现代、更加自我、更加开放、更加宽容、更加物化（刘彩玲，2010）。

（一）恋爱动机

恋爱动机是指出现恋爱行为的动机，也是一个人为什么恋爱的原因（杨南丽，2007），说明了青少年在恋爱动机上的价值取向，既代表青少年恋爱的目的，同时也代表青少年恋爱的态度和解决恋爱冲突、矛盾的方式方法（杨淑萍和杨俊平，2013）。研究表明，超过57%的个体认为结婚的前提必须真心相爱，这与国外青年对恋爱和婚姻态度相一致（Brantley，2002）。此外，关于恋爱目的，青少年仍然最关注"两情相悦"，说明大部分学生在恋爱动机上比较理智，讲求双方感情的投入，而不是为了寻求刺激、满足好奇心，或者不堪忍受寂寞才选择谈恋爱（郑夕春，2005），也不是为了追求外貌、财富和地位（左红梅，2011）。

(二) 婚前性行为

改革开放以来，传统性别观念被打破，大学禁婚的法律被取消，致使青少年在性态度上更加轻率。卢淑华（1997）研究表明，相比1982年的统计调查，1996年的统计结果显示，人们对婚前性行为的容忍度越来越高，由原来的65%上升到75%。另外，赵冰洁（2002）在关于"恋爱时可以发生性行为"的态度调研中得出，有20.6%的青少年认为恋爱时可以发生性行为。由此可见，随着时代的发展，社会的变迁，当代青少年对待婚前性行为的可接受度呈现上升态势；此外，性安全知识的普及、避孕技术的进步，这一切使得青少年在享受性生活的同时不需要担忧生育问题，也使得青少年可以避免因性行为而导致的犯罪等心理困扰，同时使得人们的平等观念、主体意识和竞争意识出现了前所未有的变化。然而在主体意识、个性解放得到增强的同时，个体对性开放的认同度和对婚前性行为的容忍度也随之提高，而性道德却受到忽视，逐渐弱化，婚姻中的道德观念变得更加混乱模糊。

此外，不同时代的青少年对"贞操"的认同度也不尽相同，但容忍度却在不断提高。相关研究表明，青少年对贞操的重视度由原来的70%下降到1999年的30%（郑夕春，2005）。具体到本书，非常不能容忍婚前性行为的有32人，占比11.8%；比较不能容忍婚前性行为的有51人，占比18.8%；不确定的有93人，占比34.3%；比较能容忍婚前性行为的有56人，占比20.7%；非常能容忍婚前性行为的有39人，占比14.4%。由此可见，非常不能容忍婚前性行为的占比最少（11.8%），相比过去十几年，青少年对婚前性行为的接受度呈显著上升的态势，这种开放、激进的婚姻和恋爱关系被多数青少年所倡导和接纳（赵冰洁，2002）。

然而对于青少年发生婚前性行为的影响因素众说纷纭，通过对恋爱中的青少年进行调查发现，89.2%的女生回答是为了爱情，只有28%的男生回答是为了爱情，男生关于这个问题的回答更加多元、复杂、分散，更加充分说明女性相信爱是性行为发生的理由,性行为应该建立在爱的基础上,进一步表明性行为是感情发展到一定阶段的结果,这与 Salts 等通过对 198 名女生和 143 名男生的婚姻观认同度调查结果一致(Salts et al., 1994)。另外,上述实证研究结果也说明,男性比女性有更高的宽容度。但当对方是自己的女朋友或伴侣时,男性对婚前性行为的容忍度具有双重标准,即对于非自己的女朋友或者伴侣宽容度高于对自己的女朋友或伴侣。同时,对于婚恋过程中出现的出轨行为则是零容忍,说明他们对婚姻的忠诚度要求较高(王飞,2015;雷文斌,2015)。研究表明,大约有 41.5% 的未婚青年报告自己有婚前性行为,只有不到 10% 的人报告自己有高风险的性行为,且男性比女性更倾向于从事高危性行为。Logistic 回归分析表明,年纪大、来自离异家庭、离开学校和具有自由冒险性行为态度的人更有可能从事婚前性行为或高危性行为,而女性接受更好的教育以及移民者则不太可能发生婚前性行为(Yip et al., 2013)。虽然相比女性,男性对婚前性行为的态度更宽容,具有双重标准,尤其对随意性行为关系,然而群组分析表明,在过去 20 多年(1990~2012 年)间,青少年对婚前性行为的态度没有显著性别差异(Sprecher, Treger & Sakaluk, 2013),这一点有待进步深入研究。

然而由于当代价值多元化,加之青少年尚处于成熟成长期,价值观还未完善,因此易受其他同伴的影响,产生从众心理,或者是为了寻求刺激,贸然尝试性交行为。青少年这种无所畏惧、毫不在乎的性道德观念给恋爱双方都带来了极大的消极影响,如未婚先孕、弃婴和性犯罪等,甚至控制未来的性行为、性行为态度(Katz & Schneider, 2013)。研究表明,婚前性行为会降低婚姻生活的幸福度,与之存在负相关,且有婚前性行为的人们离婚率比没有婚前性行为的更高(秦云峰、朱秀珍,1997);婚前性行为给双方,尤其是女方造成严重的心理阴影,更有甚者,会出现性滥交与性犯罪(左红梅,2011);频繁发生婚前性行为的人在婚后的幸福度显著低于没有发生婚前性行为的人（Vrangalova，2015）。但凡事具有两面性，对婚前性行为或者同居应当一分为二地看待，不能简单认为婚前性行为就是错的，研究表明，大多数未婚男女认为自己通过恋爱学会了要独立、要承担责任，也体验到了强烈的幸福感（Macklin，1972）。另外，通过长期的朝夕相处，他们找到了通往幸福美满婚姻的途径；而且，青少年拥有稳定长期的生活伴侣也可以帮助他们顺利度过人生的成熟成长期（Shulman & Connolly，2013）。

综上，针对青少年婚前性行为频繁发生的情况，为了提高青少年婚姻生活的幸福度，青少年应树立正确的婚前性行为观念和贞操观，并养成健康的生活方式（任慧英和张静，2005）。另外，从心理学视角，需要深入探究影响青少年婚前性行为的心理机制，如对性行为的好奇、对相关性态度的模仿，以及为了逃避不安、寂寞、空虚等原因（彭将霞和刘成斌，2003）。

（三）择偶标准

青少年择偶标准作为青少年婚恋观的某个维度，也深深烙刻着时代的印记，研究表明，影响青少年择偶标准的因素有出生环境、社会文化等。具体而言，20世纪七八十年代，人们对真理的追求与渴望，使得青少年在选择未来伴侣时，更看重学识水平和受教育程度，讲究门当户对。渐渐地，随着社会经济的发展，人们对物质的追求不再贫乏，加上大的社会环境的影响，个体的择偶标准开始兼顾经济、社会地位等物质条件。当前青少年的择偶标准又发生了新的变化，由原来比较关注经济条件、身份地位、出身环境到现在关注另一半的个人品质和内在素质（赵冰洁，2002）。相关元分析生成的外表吸引力和婚恋关系文献（k = 0.97）显示，外表吸引力的评估可以越来越强烈的预测两性浪漫关系（r = 0.40），收入前景只能较小地预测（r = 0.10）两性浪漫关系；且性别差异相关性较小（r = 0.03）并且不显著（Eastwick，Luchies，Finkel & Hunt，2014）。此外，青少年的出生地对个体的择偶标准影响较大,研究表明,对于性格、爱好和双方感情等因素,来自城市里的青少年最为重视,其次是来自县城的学生,最后是来自农村的学生(蔡敏,2013)。

此外,根据进化心理学理论,女性的价值更多地体现在生育方面,因此,女性在选择另一半时会更加注重男性获取资源方面(如经济地位、勤奋、进取心等)的能力;男性由于其生理特点和社会责任等原因,在选择另一半时更加关注女性的长相、身材等视觉。但总体而言,青少年择偶标准首选人品性格、内在素质、发展潜力、真心相爱、两情相悦,其次是身材样貌(王飞,2015),不再过分关注传统的门当户对、重视金钱等婚恋观念(赵冰洁,2002)。当前青少年婚恋观的变化说明青少年人格更加独立和精神境界更加高尚,也表明青少年对爱情的想象充满了浪漫主义情怀,对婚姻和恋爱关系抱有理想的态度和期待。

提到青少年的择偶标准,不得不考虑父母在择偶标准上的差异。当青少年的择偶标准与父母的择偶标准不一致时,男性不太关注父母的意见,而女性比较重视父母的态度(赵冰洁,2002)。男生和女生出现的这种差异并不说明青少年向父母妥协,而是对父母的尊重,因为青少年认为最好的婚姻是双方父母同意的婚姻(邱吉、翟文忠、杨奎、王佳菲、王东、徐婷和宋锡辉,2011)。另外,女生更具依赖性的个性,更愿意为了父母牺牲自己,且比男性更需要婚姻,更担忧今后婚姻是否幸福(王飞,2015);同时说明,女性对婚姻的要求更谨慎、更保守、更苛刻、更理想化。

综上,当前青少年的择偶标准更加追求自我中心与感情纯真同步的现象,也充分说明,"父母之命,媒妁之言"是曾经的婚恋择偶标准,已经不再适合新时代青少年的择偶标准。

(四) 婚姻价值观

正如本书要描述的,婚恋观除了恋爱动机、择偶标准、婚前性行为等还有其他方面的内容,包括性行为选择观、婚姻过程中的角色观、婚姻选择自主观、婚姻期待、婚姻专一度、婚姻价值观等。婚姻期待(Marital Expectation)是指个体对婚姻的期望程度。婚姻过程中的婚姻期待影响夫妻双方的生活满意度和生活质量(吴波和黄希庭,2012)。此外,婚恋匹配自19世纪60年代以来,取得了丰硕的研究成果,并存在两种假设:相似性匹配和互补性匹配。相似性匹配也叫同类匹配(Homogamy),是指个体选择与自己相似的伴侣;互补性匹配是指个体选择与自己不相似或相反的伴侣(Alvarez & Jaffe,2004)。关于这两种假设的优劣众说纷纭,主要观点认为相似性理论胜过互补性理论(Dijkstra & Barelds,2008),但相似性的优势地位并不代表其绝对优势,也受到个体所处的关系状态、特征属性、情景环境等因素影响。上述表达说明凡事都有两面性,并不是绝对的好或者坏,也并非简单的对立存在。研究表明,相似性匹配和互补性匹配是相互补充、相辅相成的,相似性有利于婚恋关系双方达成一致的目标,而互补性有利于双方在达成一致的情况下,各自发挥优势,相互补充,更好地完成目标(张秋丽、孙青青和郑涌,2015)。

另外,婚姻忠诚度的研究表明,配偶不忠是造成离婚的首要原因,且在这一点上男女性别差异并不显著。当前个体对婚姻中出现的不同的不忠现象有不同的容忍度,具体排列如下:最不能容忍的是夫妇的嫖娼或纳妾,其次是夫妇的同性恋,再次是夫妇的婚外性行为,最后是夫妇的婚外恋,最能容忍的是夫妇的婚前性行为(卢淑华,1997)。这也说明,人们对婚前性行为的容忍度较高,但对婚姻中的越轨行为不能容忍,这一点与男性对贞操观的双重标准有些相似。

最新研究表明,青少年婚恋观的形成不是一朝一夕的,是经过长期的社会、政治、经济、文化的影响形成的,同时还受到父母婚姻关系、种族、家庭教育等因素的影响。

首先,现有文献表明,父母的婚姻关系对孩子的婚恋观影响不大,父母与孩子本身就存在代沟，父母不能很好地理解孩子真正的想法，孩子也不太接受父母的观念，认为父母的思想观念过于传统，不愿意听信父母的想法；加上当今互联网的飞速发展，孩子获得关于家庭、婚姻、恋爱、性的知识更加方便快捷。等到孩子长大了，上了大学，已经慢慢形成自己的价值评价标准，父母想要干涉或介入就更难。因此，父母的婚姻关系以及婚恋观念对孩子的影响较小（罗萍和封颖，2001）。

其次，很多独生子女由于成长环境比较孤独，可能受到家庭溺爱，造成性格上存在偏差，比非独生子女有更明确的爱情需求（雷文斌，2015）。

最后，种族差异在婚恋观内容上的体现，本书比较了传统黑人大学（HBUs）与白人大学（PWUs）谈恋爱时的态度差异，表明黑人学生比白人学生更反对不同种族间的人约会。结果也进一步表明，亚洲人与白人的恋爱关系支持率高于黑人和白人的恋爱关系，且白人学生认为他们的父母最不支持黑人和白人之间的婚姻关系或者恋爱关系（Field, Kimuna & Straus, 2013）。

除此之外，家庭教育对婚恋观的影响也至关重要，父母支持鼓励自己的孩子选具有相似价值观，而非外表更具吸引力的婚恋伴侣时，可以显著减少青少年发生婚前性行为的可能性（Simons, Burt & Tambling, 2013）。是否与父母交流婚恋和性爱问题也会影响青少年的婚恋观，研究表明，与父母交流性爱问题会影响青少年首次性交，并减少性冒险的可能性（Trinh, Ward, Day, Thomas & Levin, 2014）。

综上所述，虽然青少年整体婚恋观是积极健康、理性的，但在经济快速发展的今天，一些因素还是对青少年的婚恋观造成很大程度的影响。因此，如何帮助青少年树立正确的婚恋观，合理解决婚姻过程中出现的问题具有重大的现实意义。

第二节 研究设计与方法

一、研究工具

(一) 工具介绍

(1) 采用苏红编制的《大学生婚恋观调查问卷 (CMLCQ)》，问卷各因子的内部一致性系数为 0.857，说明量表的信度较高。另外，各因子所属的项目与其因子的相关系数明显高于与其他因子的相关系数，表明该量表的内部一致性效度较好。量表的各因子与问卷总分呈现中度相关 (0.680)，表明量表具有较好的结构效度。此外，问卷包含"性爱抉择观""婚姻角色观""婚姻自主观""婚姻倾向""恋爱动机""婚姻忠诚观""婚姻价值观"，共34个题项。问卷采用5点计分法，得分越高说明对题目的认同度越高，婚恋观念越传统。

(2)《高中生婚恋观调查问卷》，该问卷根据苏红编制的《大学生婚恋观调查问卷 (CMLCQ)》修订而成，该问卷的内部一致性系数为 0.865，说明量表的信效度较高。同时，量表的各因子与问卷总分呈现中度相关 (0.634)，表明量表具有较好的结构效度。此外，问卷包含"性爱抉择观""婚姻角色观""婚姻自主观""婚姻倾向""恋爱动机""婚姻忠诚观""婚姻价值观"，共34个题项。问卷采用5点计分法，得分越高，说明对题目的认同度越高，婚恋观念越传统。

(二) 研究变量说明

针对上述因子，本书使用SPSS20.0对其进行统计分析，具体变量介绍如下：

1. 因变量

当前青少年婚恋价值观影响因素分析。

2. 自变量

性别：①男生；②女生。

是否独生子女：①是；②否。

民族：①汉族；②少数民族。

学科类属：①文科；②理科；③艺术类；④医科；⑤工科。

来自哪里：①城市；②城镇；③农村。

父母的婚姻状况：①正常；②离异；③未离异但分居。

父母的婚姻关系：①很好；②一般；③很差。

居住情况：①随父母生活；②随父生活；③随母生活；④随其他亲属生活。

父母常与你一起交流有关婚恋与性爱的问题吗？①是；②否。

二、研究对象

本书采用随机抽样与整群抽样相结合的方式抽取成都市两所职业高级中学、两所高校1000名在校学生，对他们发放1000份问卷——《青少年婚恋观调查问卷》，其中有效问卷为936份，回收率达93.60%。如表4-1所示。

表4-1 被试在人口统计学变量上的分布情况（N=936）

背景变量	类别	人数	百分比（%）
性别	男	413	44.12
	女	523	55.88
年龄	15~17岁	184	19.66
	18~20岁	292	31.20
	21~23岁	380	40.60
	24~25岁	80	8.54

续表

背景变量	类别	人数	百分比（%）
班级中成绩	较好	173	18.5
	中等	587	62.7
	较差	176	18.8
是否独生子女	是	336	35.90
	否	600	64.10
民族	汉族	812	86.75
	少数民族	124	13.20
学科类属	文科	221	23.67
	理科	622	66.40
	艺术	93	9.93
	其他	0	0
入学前居住地	城市	141	15.06
	城镇	229	24.46
	农村	566	60.47
父母婚姻状况	正常	826	88.24
	离异	97	10.36
	未离异但分居	13	1.4
父母婚姻关系	很好	643	68.74
	一般	228	24.33
	很差	65	6.93
居住情况	随父母一起生活	698	74.56
	随父生活	100	10.66
	随母生活	64	6.89
	随其他亲属生活	74	7.89
是否与父母交流性爱问题	是	282	30.15
	否	654	69.85

三、研究方法

本书使用SPSS20.0，通过验证性因子分析、t检验、方差分析进行单因素分析以及多元线性回归。

四、研究目的和研究内容

通过引用信度与效度较高的苏红（2006）编制的《大学生婚恋观调查问卷（CMLCQ）》、修订的《高中生婚恋观调查问卷》以及《青少年网络使用调查问卷》进行研究，了解当代青少年婚恋价值观的基本现状，并对影响青少年婚恋价值观的因素进行探讨，了解当前青少年婚恋价值观中存在的不合理、不正确、不科学想法和态度，最后提出对策，以帮助青少年树立正确的婚恋价值观，正确面对婚恋过程中出现的各种问题和矛盾，帮助青少年顺利度过成长成熟阶段。

五、研究假设

（1）青少年婚恋观的人口统计学变量——"性别"在因素1"性爱抉择观"、因素2"婚姻角色观"以及因素5"恋爱动机"等方面存在显著差异。

（2）青少年婚恋观的人口统计学变量——"是否独生子女""民族""学科类属"在因素5"恋爱动机"方面存在显著差异。

（3）青少年婚恋观的人口统计学变量——"地域"在因素3"婚姻自主观"和因素6"婚姻忠诚观"等方面存在显著差异。

（4）青少年婚恋观的人口统计学变量——"父母婚姻状况"在因素1"性爱抉择观"上存在显著。

（5）性别对青少年性爱抉择观的影响最大。

（6）对青少年恋爱动机影响最大因素是性别，其次是学科属性。

第三节 结 果

一、《高中生婚恋观调查问卷》的修订

本书针对大学生婚恋观的调查研究采用的是苏红编制的《大学生婚恋观调查问卷（CMLCQ）》，为了方便对高中生婚恋观进行研究分析，本书对苏红编制的《大学生婚恋观调查问卷（CMLCQ）》进行了修订，验证其对高中生的适用性。

首先将原始问卷进行修订，并对高中生进行施测，发放问卷300份，回收有效问卷276分；然后对问卷的信度和效度进行检验。

（一）问卷信度分析

（二）问卷效度分析

问卷信度分析如表4-2~表4-9所示。

表4-2 量表总信度

可靠性统计量		
Cronbach's Alpha	基于标准化项的Cronbachs Alpha	项数
0.841	0.827	34

表4-3 性爱抉择观信度

可靠性统计量		
Cronbach's Alpha	基于标准化项的Cronbachs Alpha	项数
0.862	0.867	8

表4-4 婚姻角色观信度

可靠性统计量		
Cronbach's Alpha	基于标准化项的Cronbachs Alpha	项数
0.774	0.759	5

表4-5 婚姻自主观信度

可靠性统计量		
Cronbach's Alpha	基于标准化项的Cronbachs Alpha	项数
0.780	0.713	4

表4-6 婚姻倾向信度

可靠性统计量		
Cronbach's Alpha	基于标准化项的Cronbachs Alpha	项数
0.834	0.840	5

表4-7 恋爱动机信度

可靠性统计量		
Cronbach's Alpha	基于标准化项的Cronbachs Alpha	项数
0.716	0.752	4

表4-8 婚姻忠诚观信度

可靠性统计量		
Cronbach's Alpha	基于标准化项的Cronbachs Alpha	项数
0.793	0.755	5

表4-9 婚姻价值观信度

可靠性统计量		
Cronbach's Alpha	基于标准化项的Cronbachs Alpha	项数
0.823	0.835	3

表4-10表明KMO值为0.72，Bartlett球形度检验的近似卡方分布为2934.225，p = 0.000 < 0.05，达到显著水平。表4-11为旋转后7个共同因

第四章 网络化时代青少年婚恋价值观的影响因素研究

表 4-10 KMO 值

KMO 和 Bartlett 的检验		
取样足够度的 Kaiser-Meyer-Olkin 度量		0.720
Bartlett 的球形度检验	近似卡方	2934.225
	Sig.	0.000

表 4-11 解释总变异

成分	旋转平方和载入		
	合计	方差百分比（%）	累计百分比（%）
1	3.702	12.426	12.426
2	3.509	15.700	28.126
3	3.306	14.627	42.753
4	3.012	9.158	51.911
5	2.997	11.356	63.267
6	2.898	10.825	74.092
7	2.067	8.766	82.858

素平方和负荷量，四个因素旋转后的特征值分别为 3.702、3.509、3.306、3.012、2.997、2.898、2.067，联合解释变异为 82.858。

二、青少年婚恋观认同度的比较

本书通过对回收的 936 份问卷进行分析后，了解青少年在各个维度上的态度和基本看法。表 4-12 为 936 名被试应用平均数和标准差基本分布系数。

表 4-12 青少年婚恋观对各因子重视度的比较（N=936）

	性爱抉择观	婚姻角色观	婚姻自主观	婚姻倾向	恋爱动机	婚姻忠诚观	婚姻价值观
M	3.6590	2.9068	3.1368	3.0684	3.2146	3.3184	3.5679
SD	0.71453	0.76936	0.81440	0.46598	0.81750	0.71583	0.76791

由表 4-12 可以看出，青少年婚恋观在各因子上的得分属于中间，处于婚恋观的转型期间（即新旧观念的交汇期）。从表中可知，各因子得分从高向低排列为：性爱抉择观 > 婚姻价值观 > 婚姻忠诚观 > 恋爱动机 > 婚姻自主观 > 婚姻倾向 > 婚姻角色观。青少年性爱抉择观、婚姻忠诚观得分比较高，说明青少年比较在乎婚姻过程中的专一性和忠诚度，总体来讲对婚前性行为保持慎重的态度，更倾向于选择自己真正喜欢的人作为自己的性爱对象，并不会太多考虑物质、金钱、社会经济地位等；青少年婚姻选择自主观、婚姻角色观方面得分偏低，说明青少年在这些方面比较开放，在婚姻选择上不再是父母之命、媒妁之言，而更加注重自己的感受；青少年在婚恋过程中的角色扮演也不再是传统的男主外、女主内，而是趋于平等，无论是在职业工作上，还是家务分担上，越来越均衡。

三、人口统计学变量对青少年婚恋观各维度的影响

t 检验和单因素方差分析结果显示，婚姻倾向得分和婚姻价值观得分在人口统计学各个维度间的差异无统计学意义（$p > 0.05$）。性爱抉择观得分与性别、父母婚姻状况有关（$p < 0.05$）；婚姻角色观得分与性别有关；婚姻自主观、婚姻忠诚观与地域有关（$p < 0.05$）；恋爱动机与性别、是否独生子女、民族和学科属性有关（$p < 0.05$）。如表 4-13 所示。

从表 4-13 可知，不同性别的青少年在性爱抉择观、婚姻角色观、恋爱动机三个方面存在显著差异。即女青少年对性爱抉择观的认同程度（M = 3.80）显著高于男青少年（M = 3.53），说明女青少年比男青少年对性爱抉择观的认同更加传统、保守；女青少年对婚姻角色观的认同度（M = 2.68）显著低于男青少年（M = 2.97），说明女青少年比男青少年对婚姻角色观的认同更加开放；女青少年对恋爱动机的认同度（M = 3.02）显著低于男青少年（M = 3.34），说明女青少年比男青少年对恋爱动机的认同

第四章 网络化时代青少年婚恋价值观的影响因素研究

表 4–13 人口统计学变量对青少年婚恋观各维度的影响

变量		性爱抉择观	t/F	婚姻角色观	t/F	婚姻自主观	t/F	婚姻倾向	t/F	恋爱动机	t/F	婚姻忠诚观	t/F	婚姻价值观	t/F
性别	男	3.53±0.68	3.330**	2.97±0.74	3.069**	3.00±0.59	−1.422	3.06±0.47	1.120	3.34±0.77	3.266**	3.17±0.68	0.292	3.54±0.83	1.546
	女	3.8±0.73		2.68±0.77		3.18±0.95		3.00±0.44		3.02±0.80		3.15±0.74		3.39±0.71	
是否独生子女	是		−0.933		0.253		−1.056		−1.127		−2.740**		−1.033		0.032
民族	是	3.65±0.61		2.81±0.79		3.05±0.47		2.98±0.48		2.96±0.82		3.10±0.71		3.45±0.71	
	否	3.73±0.77		2.78±0.75		3.15±0.95		3.04±0.43		3.24±0.77		3.19±0.72		3.45±0.78	
民族			0.74458		−0.963		0.396		1.567		−2.246**		−0.340		−1.356
	汉族	3.70±0.73		2.78±0.75		3.12±0.84		3.01±0.45		3.11±0.79		3.15±0.72		3.43±0.77	
	少数民族	3.71±0.63		2.94±0.86		3.07±0.64		3.15±0.46		3.48±0.85		3.20±0.64		3.63±0.74	
学科类属			0.020		2.801		0.342		0.851		6.375**		2.461		0.039
	文科	3.68±0.58		3.09±0.92		3.04±0.57		3.00±0.40		3.45±0.97		3.35±0.78		3.49±0.95	
	理科	3.71±0.77		2.74±0.76		3.15±0.93		3.00±0.45		3.03±0.78		3.18±0.73		3.45±0.74	
	艺术类	3.71±0.64		2.84±0.69		3.07±0.54		3.09±0.47		3.36±0.70		3.01±0.58		3.46±0.76	
地域			0.862		2.744		3.592**		0.122		1.614		0.557**		0.890
	城市	3.83±0.74		2.58±0.78		3.04±1.68		3.05±0.50		2.96±0.89		3.08±0.96		3.56±0.67	

续表

变量	性爱抉择观	t/F	婚姻角色观	t/F	婚姻自主观	t/F	婚姻倾向	t/F	恋爱动机	t/F	婚姻忠诚观	t/F	婚姻价值观	t/F
城镇	3.73±0.59		2.94±0.78		3.12±0.51		3.03±0.48		3.11±0.89		3.12±0.58		3.51±0.76	
农村	3.67±0.76	4.060**	2.80±0.75	0.131	3.42±0.55	0.059	3.01±0.43	2.711	3.21±0.74	0.368	3.19±0.69	0.848	3.41±0.79	0.154
父母婚姻状况														
正常	3.73±0.72		2.79±0.79		3.12±0.86		3.01±0.46		3.15±0.82		3.46±0.79		3.49±0.95	
离异	3.65±0.65		2.86±0.64		3.09±0.49		3.13±0.41		3.17±0.75		3.47±0.64		3.46±0.74	
未离异但分居	2.71±1.03		2.85±0.55		3.00±0.88		2.60±0.16		2.81±0.31		3.25±0.41		3.45±0.76	

注：* 表示 $p < 0.05$；** 表示 $p < 0.01$。

更加开放。而性别在青少年其他四个维度中不存在显著差异,说明随着社会经济的发展,传统性别角色观念被打破,男女平等观念已经更加深入人心。

不同民族的青少年在恋爱动机方面存在显著差异。表现为汉族青少年对恋爱动机的认同度(M = 3.11)显著低于少数民族青少年(M = 3.48),说明汉族青少年比少数民族青少年对恋爱动机的认同更加开放。而民族在青少年其他6个维度不存在显著差异,说明随着社会经济的发展,民族融合现象进一步加深,各民族的文化交流更加密切,致使一些民族差异逐步缩小,反映在婚恋观上的差异性也不像曾经那么显著。

是否独生子女的青少年在恋爱动机方面存在显著差异。表现为独生子女青少年对恋爱动机的认同度(M = 2.96)显著低于非独生子女青少年(M = 3.24),说明独生子女青少年比非独生子女青少年对恋爱动机的认同更加开放。而是否独生子女在青少年其他6个维度不存在显著差异,说明随着社会经济的发展,个体的独立意识不断增强,个性更加解放,是否独生子女对个体价值观尤其是婚恋观的影响已经不具有显著差异性。

青少年婚恋观在"恋爱动机"这一维度上存在显著差异,事后比较发现,文科和艺术类、理科和艺术类等类别之间存在显著差异,表现为"文科类青少年"最为传统与保守,其次为"艺术类",再次为"理科类青少年"。其他方面未显著说明,青少年随着年龄的增长、个性解放以及价值观的多元化,在其他方面逐渐没有学科类的差别。

青少年婚恋观在"性爱抉择观"方面的差异显著。在性爱抉择观上,事后比较发现,父母婚姻状况正常和父母婚姻状况离异、父母婚姻状况离异和父母婚姻状况未离异但分居、父母婚姻状况正常和父母婚姻状况未离异但分居等类别之间存在显著差异,表现为"父母婚姻状况正常的青少年"最为传统与保守,其次为"父母婚姻状况离异的青少年",再次为"父母分居但是没有离异的青少年"。青少年随着年龄的增长,以及生活阅历、受教育程度的提升,受父母价值观以及婚姻关系的影响较小,因此在其他方面逐渐没有显著差别。

四、基于多元线性回归分析性爱抉择观、恋爱动机的影响因素

多元回归分析是指多个自变量对一个因变量的影响研究。根据前文可知,性爱抉择观与性别、父母婚姻状况两个变量有关;恋爱动机与性别、是否独生子女、民族和学科属性有关。本书选择性别(X_1)、父母婚姻状况(X_2)两个变量作为自变量,性爱抉择观(Y_1)作为预测变量构建一组多元线性回归方程;同时选择性别(X_1)、是否独生子女(X_3)、民族(X_4)和学科属性(X_5)四个变量作为自变量,恋爱动机(Y_2)作为预测变量构建一组多元线性回归方程。

首先,以性别、父母婚姻状况为自变量,性爱抉择观为因变量进行回归分析,得出回归系数,并对其进行检验;其次,以性别、是否独生子女、民族、学科属性为自变量,恋爱动机为因变量进行回归分析,得出回归系数,并对其进行检验。如表4-14所示。

表4-14 性爱抉择观、恋爱观影响因素多元线性回归分析结果

维度	影响因素	回归系数	标准误	t值	p值
性爱抉择观	性别	0.90	1.563	2.525	0.000
	父母婚姻状况	0.67	2.012	1.594	0.002
恋爱动机	性别	0.85	1.943	3.307	0.013
	是否独生子女	0.35	0.954	2.054	0.029
	民族	0.44	1.659	2.849	0.001
	学科属性	0.79	2.308	3.268	0.022

从表4-14可知,对于青少年性爱抉择观(Y_1)影响最大的变量是X_1,回归系数是0.90,表明性别对青少年性爱抉择观的作用最大。

对于青少年恋爱动机(Y_2)影响最大的变量是X_1,回归系数是0.85;其次是X_5,回归系数为0.79,表明对青少年恋爱动机影响作用最大的是性别,其次是学科属性。

第四节 讨论及对策

由上述分析结果可知,虽然性别、民族、是否独生子女、学科属性和父母婚姻状况、地域对青少年婚恋观的各维度有不同程度的影响,但总体而言,青少年的婚恋观发生了巨大变化,旧的观念逐渐被打破,新的观念层出不穷。

随着社会经济的发展,传统的男主外、女主内的思想观念逐渐淡薄,婚姻双方更加注重两情相悦、对方的内在素质、个人价值的实现;重要的是女性更加注重个性解放,工作价值的实现,在婚姻中主导意识更强,夫妻双方在婚姻责任和义务上也越来越平等。同时价值多元化、物质主义倾向等使得婚姻变得更加不稳定,离婚现象日益增多。由此可见,在独立意识和个人意识盛行的时代,如何培养个体正确的婚恋观念,尤其是青少年的婚恋观、择偶观具有现实意义。

此外,恋爱和婚姻是人生的必修课,是大学生未来人生发展和幸福生活的重要内容。当代青少年受多元文化的影响,自身理性的价值观尚不成熟、完善,并且对恋爱与婚姻的本质内涵认识不足,容易在婚姻和恋爱等方面有诸多困惑。尤其青少年群体的婚恋观更加值得关注和研究。青春期是人生的黄金阶段,也是人生恋爱观形成的关键时期。爱情是青少年普遍存在的情感模式和亲密关系，并且随着经济发展，青少年在婚恋过程中的态度越来越开放、越来越注重自我感觉、对婚前性行为的包容度也越来越高，这一切使得婚恋观不再是传统意义上的单一式，以结婚为目的的传宗接代，相反呈现出更加多元化的态势。但青少年作为成年初期的个体，很多观念尚不成熟，还没有形成坚定正确的价值观、世界观，易受外界和他人的影响，因此在面对具体问题时会出现很多冲突、矛盾（刘彦华、李鑫和曾宪翠，2007）。因此，如何帮助青少年树立正确的婚恋观，合理解决婚姻过程中出现的问题具有重大的现实意义，不仅能够使他们在婚恋过程中避免许多不该发生的有损自己和他人的不良后果，同时也能使他们得到身心上的自我保护，更能促进青少年自身和谐发展，有利于构建和谐家庭、建设和谐社会。

那么当代青少年正处于旧的传统婚姻观念、恋爱观念被打破，新的婚恋价值观尚未建构、成熟的特殊阶段，其婚恋观出现了一系列问题和矛盾，如：①兼具传统和现代婚恋观的特点，尚未完全统一，形成了自己的价值观；②在恋爱问题上面临着改变自我和坚守自我，顺应传统和突破传统的艰难抉择；③新型家庭角色预期在现实常常得不到满足，易于受挫。那么如何帮助青少年树立正确的婚恋观和价值观值得青少年自身、高校以及社会共同思考，针对此，本书从以下几方面提出相应的改进措施与方法：

（1）帮助青少年正确认识和评价自我，悦纳自己，建立青少年的基本自信心。

（2）引导青少年树立正确的择偶观。

（3）帮助青少年理解爱情和婚姻的真正含义，辅之以恋爱技巧、恋爱技术的指导。

（4）帮助青少年正确认识淡薄的性观念、随意性行为等对恋爱双方的伤害，使其树立高尚的性观念，提升性道德。

（5）提高青少年对待恋爱、婚姻以及其他事情的抗挫能力，这是青少年必须上的必修课。

（6）帮助青少年正确认识夫妻在婚姻中的角色地位，有利于婚后夫妻关系健康发展和婚姻生活的幸福。

（7）运用中庸之道，指导青少年对待任何事情都要保持适度期待，如青少年对未来婚姻的期待，如果青少年对未来婚姻具有高度期待，而个体自身又很难去平衡理想和现实的差异，那么容易在婚后生活中受到挫折，影响他们婚姻生活的和谐。

此外，从性心理发展的角度来讲，青少年正处于性发育成熟、性心理萌动的时期，因此阻止其发生性行为的效果并不明显，反而适得其反，应该引导或者传授青少年正确理解与性相关的一切知识，告知其如何安全负责地进行性行为，如何正确面对与性、恋爱、婚姻相关的问题和知识，这也不失为一种更科学的方法。

第五节 研究不足与展望

本书通过对青少年婚恋观各个维度在性别、民族、是否独生子女以及地域上的差异进行显著性检验，并就人口统计学对青少年婚恋观各维度的影响进行多元线性回归，取得了丰硕的研究成果，指明了青少年目前婚恋观所存在的矛盾与问题，并针对性地提出了一系列改进措施。

首先，在研究对象上的改进。本书由于时间限制，使得样本的代表性略显不足，且主要体现集中在高中生和大学生，全部来自于成都市的两所职业高级中学和两所高校，没有对更广泛的高中生和高校大学生进行调查，因此对研究结果的推广有待进一步考察。未来研究应该扩大被试地域的抽取范围以及被试年龄群体的范围，开展对初中生群体身份认同、学业认同、道德认同等方面的研究，注重被试比例的平衡性和代表性问题。

其次，在研究方法上的改进。本书采用传统的社会科学研究方法——问卷调查，所获取的研究结果往往依赖于被试的主观感受，且易受社会赞许效应的影响，往往缺乏客观性，不能准确地测量到被试的真实想法。因此，未来研究应使用计算机技术（如自动信息提取，社会网络分析、社会仿真建模等）对现实社会中存在的问题进行研究，获得相关关系，预测群体的行为倾向，同时结合传统的研究方法对其进行深入的因果关系研究，得出相对准确的结论，为未来社会科学的研究注入新的思路与活力。

再次，在研究内容上的改进。本书只使用了一个问卷进行分析，使得研究结果较单一，没有深入探究影响青少年婚恋观的中介效应。因此，未来研究应该采用纵向研究方法对被试进行长期跟踪调查，进行分析，以期得到更加清晰的婚恋观变化的影响因素，为青少年正确婚恋观的培养奠定更好的理论基础。

最后，在研究路径上的改进。本书采用问卷调研收集数据，通过t检验、单因素方差分析进行人口统计学的差异性检验，并通过多元线性回归分析青少年性爱抉择观和恋爱动机的影响因素。本书与网络化时代背景联系较少，未来研究应关注网络环境对青少年婚恋观的影响，并探究其中的中介变量和调节变量。

结　语

一、互联网引发深刻的社会认同变革

互联网时代的到来使人类开始进入一种全新的社会发展形态，爆炸式信息不断涌入人们的日常生活，打破时空界限，呈现出全球性、共享性和开放性的特征。网络社会的崛起引发了社会认同的深刻变革，这一变革在深受网络影响的青少年身上表现得尤为突出。

（一）社会认同多元化

互联网时代的社会认同是现实社会、网络社会、实现自我和虚拟自我认同相互交织而形成的多元认同。造成认同多元化的主要原因之一是身份角色的多元化。在网络情境中，青少年的身份具有虚拟性、多重性以及随意性，他们也在不同时空中扮演不同角色。同时，由于时空的转换，社会认同标准也呈现出多元化。还有中西方多元文化的碰撞，使青少年对文化的认同也变得更为复杂。

（二）开辟新的场域空间

现实社会认同局限于共同的地域空间，如共同区域、同一民族等。然而，网络社会开辟了一个新的场域空间——匿名互动场域，青少年的社会认同也随之改变。一方面，网络拓展了青少年的外部生活空间，他们可以远程学习各种感兴趣的知识，参与多种休闲娱乐活动，与各地的陌生人进行社会互动；另一方面，网络为青少年提供了一个自我展示的平台，他们能够更加开放真实地呈现自我，自由平等地发表言论。

（三）主动的建构性社会认同

在网络社会中，青少年的自我意识被唤醒，他们不是被动地接受自己的社会背景、扮演的社会角色，而是在网络交流和沟通中表现出明确的自主性和自觉性。青少年可以清楚地认识到相似个体的共同利益，与其他成员达成共识并联结成一个群体。对群体认同的核心是共同的兴趣爱好和共同的需求，这是一种主动的建构性认同、是真正意义上的社会认同。

二、互联网时代青少年社会认同的阻力

埃里克森认为青少年阶段面临的发展问题是"认同危机"，顺利度过这一危机是个体人格成熟的标志。然而，青少年本身缺乏自制力，对信息的甄别能力、过滤能力较差，面对网络社会的新奇性和刺激性，他们更易沉溺其中，与现实社会的联系逐渐脱离。此外，网络呈现出虚拟性、自由性、裂变性和即时性等特征，也给青少年的社会认同带来了不确定性，甚至产生认同危机。青少年社会认同的阻力主要表现在以下三个方面：

（一）现实认同与虚拟认同的碰撞

互联网时代，青少年的社会认同不仅包括现实认同，也包括虚拟认同。虽然青少年的行为方式和生活方式呈现出现实与虚拟相互渗透、相互交织的特点，但由于虚拟社会的不确定性和复杂性，导致青少年两种认同之间发生碰撞。一方面，现实社会是青少年进行面对面的交流，社会临场感高，而虚拟社会中的交往出现了身体的缺席，缺乏对他人更全面的了解；另一方面，现实中社会规范具有强大的约束力，用于维持社会的和谐发展，而在虚拟社会中，青少年更多地关注信息本身，交流更加自由、非人性化，这导致社会规范的约束力降低，引起网络社会秩序混乱。

结 语

(二) 网络共同体的随意性

网络信息的繁杂化、娱乐化、负面化给青少年的社会认同带来阻力。打开网络，满屏的广告、八卦新闻和负面新闻，以追星为目的形成的粉丝群体、以"打怪"为目的形成的游戏团队、以发泄情绪为目的形成的贴吧论坛等，这些以兴趣爱好为交往核心的共同体具有随意性。类似不健康的网络共同体可能引起缺乏辨析能力的青少年盲目认同，使其逐渐与现实社会认同脱离，最终导致片面、非理性的社会认同。

(三) 网络社会认同的不确定性

全球化、网络化促使社会流动性增强，地域界限逐步被打破，青少年在频繁流动的网络世界中难以找到固定的位置，没有集体归属感，这使得他们的社会认同处于不确定性之中。此外，现实与网络之间频繁地进行时空转换，使青少年自我认同的界限更加模糊，进而导致社会认同的复杂化，增加了认同的不确定性。这些都可能会增大社会认同的阻力。

三、提升互联网时代青少年社会认同的对策建议

(一) 引导青少年科学认识和使用网络

网络是一把双刃剑，科学认识和使用网络是提升青少年社会认同的关键一步。应引导青少年正确处理好网络社会与现实社会之间的关系，前者是后者的延伸，不能完全脱离后者独立存在。青少年还要学会筛选网络中的有利信息，加入适合自己的群体，合理安排上网时间和上网地点，让网络成为他们发展路上的垫脚石。

(二) 完善网络社会秩序

网络社会的良性运行、健康发展需要与之相适应的社会规范和秩序。由于网络空间的匿名性和自由性，青少年在网络社会中可能会表现出责任分散，如网络语言不够规范，暴力语言随处可见，失范行为时常发生。目前，国内关于网络的相关法律法规不健全，导致青少年社会认同出现

问题。因此，规范网络社会秩序，创建一个绿色的网络环境对于提升社会认同非常重要。

(三) 建设网络社会组织

网络社会组织是以相同兴趣爱好为纽带形成的共同体，青少年可以在组织中逐渐提升其认同感和归属感。但由于网络的虚拟性和随意性，许多社会组织无领导、无纪律、无集体意识，而且易变性大、非理性化，所以政府需要建设有利于青少年发展的网络社会组织，如趣味学习平台、才艺展示厅、平等对话间等，吸引青少年的眼球，进而引导他们形成健康的社会认同。

(四) 建设网络文化

网络全球化带来的文化冲击时刻影响着青少年，文化是一个民族的灵魂，是社会认同的核心力量。在国家和民族界限日益模糊的互联网时代，建设与现实社会相联系的网络文化至关重要。将社会主义核心价值观以通俗易懂的语言融入到网络文化中，通过多样化的宣传手段与青少年的积极参与相结合的方式来提升他们的社会认同感。此外，还需要积极宣扬健康的网络文化，通过网络文化不断传递社会正能量。

附 录

一、人口统计学资料收集

1. 您的年级：

①大一 ②大二

③大三 ④大四

2. 您的年龄：

①15~17 岁 ②18~20 岁

③21~23 岁 ④24~26 岁

⑤27 岁及其以上

3. 您的性别是：

①男 ②女

4. 您是否独子：

①是 ②否

5. 您的民族是：

①汉族 ②满族

③蒙古族 ④回族

⑤藏族 ⑥其他少数民族

⑦其他国家人士

6. 您的宗教信仰：

①佛教　　　　　　　　　　②基督教

③伊斯兰教　　　　　　　　④道教

⑤其他宗教（请注明：　）　⑥无宗教信仰

7. 您的学习科类属于：

①文科　　　　　　　　　　②理科

③艺术类　　　　　　　　　④医科

⑤工科

8. 您所学专业的志愿选择属于：

①自主选择　　　　　　　　②父母和他人意愿

③调剂专业

9. 您所在的学校层次：

①属于"211工程"重点大学　②属于一般院校

10. 从就业需求看专业前景属于：

①热门专业　　　　　　　　②一般专业

③冷门专业

11. 本校这个专业的学习条件：

①较好　　　　　　　　　　②一般

③较差

12. 您的成绩在现在的班级中相对：

①较好　　　　　　　　　　②中等

③较差

13. 入学前长期居住地：

①村镇　　　　　　　　　　②县城（县级市）

③中等城市　　　　　　　　④大城市

14. 您父母的婚姻状况：

①正常　　　　　　　　　　②离异

③未离异但分居

15. 您认为您的父母间的婚姻关系：

①很好　　　　　　　　　　②一般

③很差

16. 您的居住情况：

①随父母一起生活　　　　　②随父生活

③随母生活　　　　　　　　④随其他亲属生活

17. 您的父母常与您在一起交流有关婚恋与性爱的问题吗？

①是　　　　　　　　　　　②否

18. 目前有无稳定异性朋友：

①有　　　　　　　　　　　②无

19. 您的性倾向：

①同性恋　　　　　　　　　②异性恋

③双性恋　　　　　　　　　④不清楚

⑤不认同以上三种划分　　　⑥您认为自己是（　　）

20. 父亲职业：

①高层管理人员　　　　　　②中层管理人员

③基层人员　　　　　　　　④教师

⑤其他

21. 父亲工作单位：

①政府机关　　　　　　　　②学校

③科研机构　　　　　　　　④民营企业

⑤国营企业　　　　　　　　⑥合资企业

⑦外资企业　　　　　　　　⑧个体经营

⑨农村

22. 母亲职业：

①高层管理人员　　②中层管理人员

③基层人员　　④教师

⑤其他

23. 母亲工作单位：

①政府机关　　②学校

③科研机构　　④民营企业

⑤国营企业　　⑥合资企业

⑦外资企业　　⑧个体经营

⑨农村

24. 您家庭前一年总收入：

①10000元以下　　②10001~20000元

③20001~30000元　　④30001~40000元

⑤40001~60000元　　⑥60001~80000元

⑦80001~100000元　　⑧100000元以上

25. 感觉自己家庭收入：

①很低　　②较低

③中等　　④较高

⑤很高

二、微信使用强度问卷

以下是一份心理学的量表,请注意填答时,答案没有对错之分,只需要依照您在日常生活中的想法填写即可。一共有三个量表,请在适当的选项上勾选您心中的答案。下面请您先填上您的基本情况,然后逐条阅读认真作答,谢谢您的参与!

(一)您有多少个微信好友?

1. 少于 10 个。

2. 10~49 个。

3. 50~99 个。

4. 100~149 个。

5. 150~199 个。

6. 200~249 个。

7. 250~299 个。

8. 300~399 个。

9. 400 个或者更多。

(二)您通常一天之中花费多长时间使用微信?

1. 从不使用。

2. 少于 10 分钟。

3. 10~30 分钟。

4. 30~60 分钟。

5. 1~2 小时。

6. 2~3 小时。

7. 多于 3 小时。

(三) 本量表由 **6** 个问题组成，每题有 **5** 个选项，请根据您的实际情况作答：

	完全不同意	不同意	无所谓	同意	完全同意
1. 微信是我日常生活活动的一部分。	1	2	3	4	5
2. 我很乐意告知他人我在使用微信。	1	2	3	4	5
3. 微信已经成为我的日常生活的一部分。	1	2	3	4	5
4. 当我一天没有登录微信，我感觉我和他人失去了联系。	1	2	3	4	5
5. 我觉得我是微信校园社区的一部分。	1	2	3	4	5
6. 如果我退出微信，我会感到伤心。	1	2	3	4	5

三、网络使用情况调查问卷

指导语：下面是一个关于网络使用情况的调查。请结合您一年之内的实际情况，判断每一条陈述对您的符合程度。"1"表示完全不符合，"2"表示不太符合，"3"表示一般，"4"表示比较符合，"5"表示完全符合。请将代表符合程度的数字填入每道题目前的（　）内。注意：请不要在某些题目上花费太多的时间思考，只需要按照自己的第一感觉回答，答案没有好坏之分。此次调查仅仅是了解中学生的网络使用情况，与你们的学习没有任何关系。另外，我们还将对您的回答进行保密。谢谢您的合作！

	完全不符合	不太符合	一般	比较符合	完全符合
1. 我实际的上网时间往往超出我的计划。	1	2	3	4	5
2. 同以前相比，我上网的时间越来越长了。	1	2	3	4	5
3. 比起与同伴玩耍，我觉得上网更刺激、更开心。	1	2	3	4	5
4. 我更愿意在网上结交新朋友。	1	2	3	4	5
5. 老师或家长抱怨我上网时间太多了。	1	2	3	4	5
6. 我因为上网时间太长而影响了学习。	1	2	3	4	5
7. 我尽量优化电脑硬件、软件的配置来提高上网速度。	1	2	3	4	5
8. 我因为上网而影响了学习效率和学习成绩。	1	2	3	4	5
9. 当别人问我在网上做些什么事的时候，我有抵触情绪或者对别人保密。	1	2	3	4	5
10. 当生活中遇到烦恼时，我会借助上网来摆脱烦恼，放松身心。	1	2	3	4	5
11. 我总是期待着下一次上网。	1	2	3	4	5
12. 如果生活中没有了网络，我会觉得枯燥、空虚和无趣。	1	2	3	4	5
13. 当有人打扰我上网时，我会大叫或是恼怒。	1	2	3	4	5
14. 我会因为上网到深夜而减少睡眠。	1	2	3	4	5

续表

	完全不符合	不太符合	一般	比较符合	完全符合
15. 下线时，我会心事重重或是想象着网上的事。	1	2	3	4	5
16. 上网时，我心里想过"再上几分钟就下线"之类的话，可是做不到。	1	2	3	4	5
17. 我尝试着减少上网时间，但是失败了。	1	2	3	4	5
18. 我向老师和家长隐瞒实际的上网时间。	1	2	3	4	5
19. 花更多时间上网和与朋友外出之间，我会选择上网。	1	2	3	4	5
20. 下线时，我会感到沮丧、忧郁、紧张。然而，这些情绪在上网后就消除了。	1	2	3	4	5
21. 上网的时间虽然和以前一样，但是我内心对上网的需求却在增加。	1	2	3	4	5
22. 虽然说长时间的上网让人感觉很累，我还是愿意多待一会。	1	2	3	4	5
23. 网速慢的时候，我焦虑、烦躁，甚至怒火冲天。	1	2	3	4	5
24. 由于上网，我忘记过做作业、复习功课。	1	2	3	4	5
25. 上网的时间过得特别快，我总是忘记了线的时间。	1	2	3	4	5
26. 为了上网，我宁愿减少其他娱乐的时间。	1	2	3	4	5
27. 因为上网，我与家人或老师发生过矛盾。	1	2	3	4	5
28. 如果有新的浏览器可以提高上网速度，我一定会尝试。	1	2	3	4	5
29. 上网多少会影响学习，可是那种快乐让人欲罢不能。	1	2	3	4	5
30. 下线没多久，我又想上网了。	1	2	3	4	5

四、社会比较倾向量表

本量表由 11 个问题组成,每题有 5 个选项,请根据您的实际情况作答。

	完全不同意	不同意	无所谓	同意	完全同意
1. 在社交网站中我常将自己喜爱的人与他人比较。	1	2	3	4	5
2. 相较于他人,在社交网站中,我总是非常地注意自己如何处理事情。	1	2	3	4	5
3. 我会在社交网站上比较自己与他人处理事情的方式来判断自己处理事情的好坏。	1	2	3	4	5
4. 我常常与他人在社交网站上做社会性比较。	1	2	3	4	5
5. 在社交网站中我不常与他人比较。	1	2	3	4	5
6. 我在社交网站中常将自己取得的成就与他人比较。	1	2	3	4	5
7. 我在社交网站中常喜欢与他人谈论彼此的意见与经验。	1	2	3	4	5
8. 我在社交网站中尝试着了解与我有相似问题的人的想法。	1	2	3	4	5
9. 我在社交网站中尝试着了解他人处于与我相似情景时的做法。	1	2	3	4	5
10. 我会在社交网站中试着了解他人在某方面的知识以学习得更多。	1	2	3	4	5
11. 我在社交网站中从来不与别人的处境进行比较。	1	2	3	4	5

五、社会认同量表

本量表由 16 个问题组成，每题有 5 个选项，请根据您的实际情况作答。

	完全不同意	不同意	无所谓	同意	完全同意
1. 总体来说，其他人尊重我所在的群体。	1	2	3	4	5
2. 总体来说，我很高兴成为我所属群体的一员。	1	2	3	4	5
3. 总体来说，别人认为我所在的群体不错。	1	2	3	4	5
4. 总体来说，我常常觉得我所属群体不是很重要。	1	2	3	4	5
5. 关于我所属群体，我感觉很好。	1	2	3	4	5
6. 我常常后悔我是某些群体中的成员。	1	2	3	4	5
7. 我是我所在群体中有价值的成员。	1	2	3	4	5
8. 我是我所在群体中积极的合作者、参与者。	1	2	3	4	5
9. 我常常感到我在我所属群体中没什么意义。	1	2	3	4	5
10. 我觉得我不能为我所在群体中贡献什么。	1	2	3	4	5
11. 我所属群体对于我是一个什么样的人意义不重要。	1	2	3	4	5
12. 总体来说，我所属群体成员很少关注我的感受。	1	2	3	4	5
13. 总体来说，我所属群体对于体现我在社会上是一个什么样的人很重要。	1	2	3	4	5
14. 我所属群体对于我的自我反映很重要。	1	2	3	4	5
15. 大多数人一般认为我所属群体比其他群体更无效率。	1	2	3	4	5
16. 总体来说，其他人觉得我所属群体没什么价值。	1	2	3	4	5

六、物质主义价值观量表 MVS

亲爱的同学：

您好！我们目前正在做一项关于大学生群体物质主义价值观的研究调查，问卷仅用于学术研究，采取匿名方式，您的信息和答案我们都将严格保密。您的真实想法就是最好的答案。下面是对物质财富看法的一些描述，请您根据其与自己的符合程度，在问卷上用"√"标出一个相应的数字，数字含义具体如下：

	完全不同意	基本不同意	同意	基本同意	完全同意
1. 我欣赏那些有豪宅、名车和绫罗绸缎的人。	1	2	3	4	5
2. 生活中很大一部分的成功是对物质财富的占有。	1	2	3	4	5
3. 我对那些人们引以为豪的实物数量有兴趣。	1	2	3	4	5
4. 我所拥有的物品说明我在生活中有多成功。	1	2	3	4	5
5. 我喜欢拥有吸引人眼球的物品。	1	2	3	4	5
6. 我关心他人拥有什么物质财富。	1	2	3	4	5
7. 我通常只买我需要的东西。	1	2	3	4	5
8. 我尽量保持生活简单。	1	2	3	4	5
9. 我所拥有的物品对我来说不是至关重要的。	1	2	3	4	5
10. 我喜欢消费那些不实用的物件。	1	2	3	4	5
11. 购物让我感到愉悦。	1	2	3	4	5
12. 我希望我的生活中有比较多的闲暇时光。	1	2	3	4	5
13. 相对于我认识的大多数人而言，我不太注重物质占有。	1	2	3	4	5
14. 我拥有的一切已经足够让我的生活快乐。	1	2	3	4	5
15. 如果能拥有一些原本没有的，我的生活会更好。	1	2	3	4	5
16. 即使我拥有更好的东西，我也不觉得会更快乐。	1	2	3	4	5
17. 如果有更高的支付能力，我会更开心。	1	2	3	4	5
18. 不能随心所欲地买我喜欢的东西，让我很苦恼。	1	2	3	4	5

七、大学生目的性工作价值观量表

亲爱的朋友：

您好!感谢您花费时间完成这一问卷。您对这一问卷与您实际情况符合的回答，将使我们真实了解有关当代大学生目的性工作价值观情况，感谢您为科学研究做出的贡献!这一问卷中所有答案都没有对错、好坏、高低之分，与您的生活、学习和工作也没有任何利害关系。您回答的结果只汇总在总的科学研究报告中，没有人可以辨别您怎样回答，请放心根据您自己的实际情况和真实想法来回答所有项目。请您根据其与自己的符合程度，在问卷上用"√"标出一个相应的数字，数字含义具体如下：

	非常不重要	不重要	中等	重要	非常重要
1. 工作能使我方便照顾父母。	1	2	3	4	5
2. 工作能和家庭不相冲突。	1	2	3	4	5
3. 工作能使我和未来配偶在一个城市。	1	2	3	4	5
4. 工作能使我容易晋升到高地位。	1	2	3	4	5
5. 工作能使我有高于一般水平的年薪。	1	2	3	4	5
6. 工作能使我受到重视。	1	2	3	4	5
7. 工作能使我享受高地位的个人空间。	1	2	3	4	5
8. 工作能使周围人羡慕我。	1	2	3	4	5
9. 工作能带给人激情。	1	2	3	4	5
10. 工作能使我发挥自己的创造性。	1	2	3	4	5
11. 工作能使我实现个人的抱负和目标。	1	2	3	4	5
12. 工作环境能磨炼我的个人能力。	1	2	3	4	5
13. 工作能使我施展个人的能力和特长。	1	2	3	4	5
14. 工作能使我提高我国在该行业的世界竞争力。	1	2	3	4	5
15. 工作能使我改变目前令人担忧的社会现状。	1	2	3	4	5
16. 工作能使我为社会发展创造价值。	1	2	3	4	5

八、大学生专业认同问卷

谢谢您参与这次调查活动,本问卷题项的回答没有对错之分,敬请您根据自己情况如实填答,问卷不用署名,本问卷仅作为学术研究,不会给您造成不利影响。谢谢您的参与和合作!请您在下列符合自己目前实际情况的选项上打"√"。

	完全不符合	比较不符合	不确定	比较符合	完全符合
1. 我知道所学专业对学习者素质的要求。	1	2	3	4	5
2. 我了解我所学专业的就业状况。	1	2	3	4	5
3. 我知道我所学专业在本校的地位。	1	2	3	4	5
4. 我知道外界对我所学专业的评价。	1	2	3	4	5
5. 总体上我了解我所学的专业。	1	2	3	4	5
6. 我乐意从事和所学专业有关的工作。	1	2	3	4	5
7. 我在内心里已经接受了我这个专业。	1	2	3	4	5
8. 我没有想过要换专业学习。	1	2	3	4	5
9. 我对所学专业有比较正面的评价。	1	2	3	4	5
10. 我对所学专业的发展前景很有信心。	1	2	3	4	5
11. 我对所学专业产生了积极的感情。	1	2	3	4	5
12. 我对本校本专业的总体情况感到满意。	1	2	3	4	5
13. 总体上我喜欢所学的这个专业。	1	2	3	4	5
14. 我经常阅读和所学专业有关的书籍。	1	2	3	4	5
15. 我会及时认真地完成专业课程作业。	1	2	3	4	5
16. 上专业课我能认真听讲。	1	2	3	4	5
17. 我把很多时间用在所学专业上。	1	2	3	4	5
18. 我对该专业的学习坚持不懈。	1	2	3	4	5
19. 我积极参加和专业有关的实践活动。	1	2	3	4	5
20. 我具备较好的专业思维。	1	2	3	4	5
21. 我的性格和该专业匹配。	1	2	3	4	5
22. 所学专业能够体现我的特长。	1	2	3	4	5
23. 我学习该专业感到很轻松。	1	2	3	4	5

网络化背景下青少年社会认同的研究

九、大学生职业价值观问卷

亲爱的朋友：

您好！感谢您花费时间完成这一问卷。您对这一问卷与您实际情况符合的回答，将使我们真实了解有关当代大学生职业价值观情况，感谢您为科学研究做出的贡献！这一问卷中所有答案都没有对错、好坏、高低之分、与您的生活、学习和工作也没有任何利害关系。您回答的结果只汇总在总的科学研究报告中，没有人可以辨别您怎样回答，请放心根据您自己的实际情况和真实想法来回答所有项目。请您根据其与自己的符合程度，在问卷上用"√"标出一个相应的数字，数字含义具体如下：

	非常不重要	不重要	中等	重要	非常重要
目的性价值观：					
1. 工作能使我方便照顾父母。	1	2	3	4	5
2. 工作能和家庭不相冲突。	1	2	3	4	5
3. 工作能使我和未来配偶在一个城市。	1	2	3	4	5
4. 工作能使我容易晋升到高地位。	1	2	3	4	5
5. 工作能使我有高于一般水平的年薪。	1	2	3	4	5
6. 工作能使我受到重视。	1	2	3	4	5
7. 工作能使我享受高地位的个人空间。	1	2	3	4	5
8. 工作能使周围人羡慕我。	1	2	3	4	5
9. 工作能带给人激情。	1	2	3	4	5
10. 工作能使我发挥自己的创造性。	1	2	3	4	5
11. 工作能使我实现个人的抱负和目标。	1	2	3	4	5
12. 工作环境能磨炼我的个人能力。	1	2	3	4	5
13. 工作能使我施展个人的能力和特长。	1	2	3	4	5
14. 工作能使我提高我国在该行业的世界竞争力。	1	2	3	4	5
15. 工作能使我改变目前令人担忧的社会现状。	1	2	3	4	5
16. 工作能使我为社会发展创造价值。	1	2	3	4	5

续表

	非常不重要	不重要	中等	重要	非常重要
手段性价值观：					
1. 单位少有改革或风险。	1	2	3	4	5
2. 工作不要经常出差或到异地工作。	1	2	3	4	5
3. 工作强度或压力不能大。	1	2	3	4	5
4. 自己在该领域有天分。	1	2	3	4	5
5. 与自己的性格相符。	1	2	3	4	5
6. 符合自己的兴趣爱好。	1	2	3	4	5
7. 领导的性格人品符合期待。	1	2	3	4	5
8. 环境不容易使人变得腐败或虚伪。	1	2	3	4	5
9. 工作不常发生道德困境。	1	2	3	4	5
10. 初始的职位较高。	1	2	3	4	5
11. 单位企业规模大。	1	2	3	4	5
12. 一开始的薪酬就比较高。	1	2	3	4	5
13. 单位有很好的发展前途。	1	2	3	4	5
14. 单位的上司和同事好相处。	1	2	3	4	5
15. 在该领域积累了一定的朋友圈。	1	2	3	4	5
16. 单位提供住房或住宿。	1	2	3	4	5
17. 单位解决户口问题。	1	2	3	4	5
18. 单位提供的保险齐全。	1	2	3	4	5

十、学前教育专业中职高生专业认同的一般调查问卷

亲爱的同学：

您好！欢迎参加关于"青少年专业认同现状"的调查研究。本书所有问题的选项无对错、好坏之分，仅供科学研究用。我们采用匿名方式，并且承诺绝对保密。请您根据自己的实际情况填写，这对本书研究很重要，衷心感谢您的支持和合作！

注意事项：

● 下面是一些描述职高专业问题的看法，请您根据其与自己的符合程度，在问卷上用"√"标出一个相应的数字，数字含义具体如下：

1.完全不符合；2.比较不符合；3.说不清楚；4.比较符合；5.完全符合

● 除非您认为其他选项确实都不符合您的真实想法，否则，请尽量不要选择"说不清楚"。在您读完每一个问题后，不要花费时间去反复考虑，请根据您的第一感觉做出选择。

● 每一个问题都需要回答，限选一个。

1. 您的年级：

①高一　　　　　　　　　②高二

③高三

2. 您的性别是：

①男　　　　　　　　　　②女

3. 您是否独子：

①是　　　　　　　　　　②否

4. 您的民族是：

①汉族　　　　　　　　　②少数民族

5. 您的学习科类属于：

①文科　　　　　　　　　②理科

③艺术类　　　　　　　　　　　　④医科

⑤工科

6. 您来自：

①城市　　　　　　　　　　　　②城镇

③农村

7. 您的学习水平属于：

①较好　　　　　　　　　　　　②中等

③较差

8. 您的家庭状况：

①较好　　　　　　　　　　　　②中等

③较差

1. 我知道我所学专业对所学者的基本素质要求。	1	2	3	4	5
2. 我知道我所学专业的毕业要求。	1	2	3	4	5
3. 我了解我所学专业近几年的总体就业状况。	1	2	3	4	5
4. 我知道我所学专业在本校的地位。	1	2	3	4	5
5. 我知道我所学专业的课程设置情况。	1	2	3	4	5
6. 我知道我所学专业需要具备的职业资格证书有哪些。	1	2	3	4	5
7. 我知道我所学专业需要的专业教学设施。	1	2	3	4	5
8. 我了解我所学专业本校的师资配备情况。	1	2	3	4	5
9. 我并不知道我所学专业每门课程的教学目标是什么。	1	2	3	4	5
10. 我了解我所学专业的大致情况。	1	2	3	4	5
11. 我很乐意向别人介绍我现在所学的专业。	1	2	3	4	5
12. 若给我重新选择的机会，我还会选择现在的专业。	1	2	3	4	5
13. 我对我所学的专业有比较积极的评价。	1	2	3	4	5
14. 我对我所学专业的大部分课程都充满了热情。	1	2	3	4	5
15. 我觉得自己各方面的条件都适合现在专业的学习。	1	2	3	4	5

续表

16. 我觉得我所学的专业能够发挥我的天赋和特长。	1	2	3	4	5
17. 我将来愿意从事与专业相关的工作。	1	2	3	4	5
18. 我对我所学专业的发展前景充满信心。	1	2	3	4	5
19. 我有想过要调专业。	1	2	3	4	5
20. 我喜欢现在所学的专业。	1	2	3	4	5
21. 我对我所学专业有明确的近期目标和长远目标。	1	2	3	4	5
22. 我上专业课时能认真听讲并做好笔记。	1	2	3	4	5
23. 我经常阅读与专业相关的书籍并关注行业的新动态。	1	2	3	4	5
24. 我能及时认真地完成专业课老师布置的作业。	1	2	3	4	5
25. 我会积极参加与专业相关的各种课外实践活动。	1	2	3	4	5
26. 我每次考试都认真复习准备期望考到好的成绩。	1	2	3	4	5
27. 我习惯从所学专业的角度去思考问题。	1	2	3	4	5
28. 学习过程中遇到的困难我总是想方设法解决。	1	2	3	4	5
29. 我很少和专业课的任教老师交流。	1	2	3	4	5
30. 我几乎把时间都用在专业课的学习上。	1	2	3	4	5

十一、大学生婚恋观调查问卷（CMLCQ）

亲爱的同学：

您好！欢迎参加关于"大学生婚恋观"的调查研究。本书所有问题的选项无对错、好坏之分，仅供科学研究用。我们采用匿名方式，并且承诺绝对保密。请您根据自己的实际情况填写，这对本书研究很重要，衷心感谢您的支持和合作！

注意事项：

● 下面是一些描述大学生对待婚恋问题的看法，请您根据其与自己的符合程度，在问卷上用"√"标出一个相应的数字，数字含义具体如下：

1. 非常不符合；2. 比较不符合；3. 不确定；4. 比较符合；5. 非常符合

● 除非您认为其他选项确实都不符合您的真实想法，否则，请尽量不要选择"不确定"。在您读完每一个问题后，不要花费时间去反复考虑，请根据您的第一感觉做出选择。

● 每一个问题都需要回答，限选一个。

1. 您的年级：

①大一　　　　　　　　　②大二

③大三　　　　　　　　　④大四

⑤大五

2. 您的性别是：

①男　　　　　　　　　　②女

3. 您是否独子：

①是　　　　　　　　　　②否

4. 您的民族是：

①汉族　　　　　　　　　②少数民族

5. 您的学习科类属于：

①文科　　　　　　　　　②理科

③艺术类　　　　　　　　④医科

⑤工科

6. 您来自：

①城市　　　　　　　　　②城镇

③农村

7. 您父母的婚姻状况：

①正常　　　　　　　　　②离异

③未离异但分居

8. 您认为您的父母间的：

①很好　　　　　　　　　②一般

③很差

9. 您的居住情况：

①随父母一起生活　　　　②随父生活

③随母生活　　　　　　　④随其他亲属生活

10. 您的父母常与您在一起交流有关婚恋与性爱的问题吗？

①是　　　　　　　　　　②否

1. 我认为结不结婚都无所谓。	1	2	3	4	5
2. 我认为自我做主的婚姻是好的婚姻。	1	2	3	4	5
3. 我认为找伴侣时，家人的意见很重要。	1	2	3	4	5
4. 我认为丈夫的社会地位应高于妻子。	1	2	3	4	5
5. 我认为人的一生只能有一个婚姻伴侣。	1	2	3	4	5
6. 我不能容忍婚前性行为。	1	2	3	4	5
7. 我认为性与爱一样，也需要忠诚，所以一个人同时只能有一个性伴侣。	1	2	3	4	5
8. 我渴望结婚，过上家庭生活。	1	2	3	4	5

续表

9. 我认为我在找伴侣时会听从家人的安排。	1	2	3	4	5
10. 我认为为满足自己的好奇心而与人发生性关系是不可取的。	1	2	3	4	5
11. 我不能容忍女生发生婚前性行为。	1	2	3	4	5
12. 我认为丈夫的经济收入应高于妻子。	1	2	3	4	5
13. 我认为在大学阶段最好谈一次恋爱。	1	2	3	4	5
14. 我认为现在谈恋爱可丰富我的恋爱经验。	1	2	3	4	5
15. 我认为婚姻在人生中不可缺少。	1	2	3	4	5
16. 我认为两人个性相符的婚姻是好的婚姻。	1	2	3	4	5
17. 我认为找伴侣一定要自己做主。	1	2	3	4	5
18. 我认为丈夫的文化水平应高于妻子。	1	2	3	4	5
19. 我认为离婚是不幸的。	1	2	3	4	5
20. 我认为与我发生性行为的伴侣一定要是个自己爱的人。	1	2	3	4	5
21. 我认为为满足自己的一时冲动而与人发生性关系是不可取的。	1	2	3	4	5
22. 我认为在家庭中还是应该倡导"男主外,女主内"的观点。	1	2	3	4	5
23. 我认为我在发生性行为时会考虑对方的人品。	1	2	3	4	5
24. 我认为为了满足自己的经济需要而与人发生性关系是不可取的。	1	2	3	4	5
25. 我认为婚姻不适合我。	1	2	3	4	5
26. 我认为学校学习生活太枯燥,谈恋爱可以寻求一些新的刺激。	1	2	3	4	5
27. 我认为谈恋爱可以驱逐我内心的空虚。	1	2	3	4	5
28. 我认为结了婚就不要轻易离婚。	1	2	3	4	5
29. 我认为性生活和谐的婚姻是好的婚姻。	1	2	3	4	5
30. 我认为家人给我介绍的对象比自己找的更为合适。	1	2	3	4	5
31. 我认为丈夫应是一家之主。	1	2	3	4	5
32. 我认为婚姻就该天长地久。	1	2	3	4	5
33. 我认为我在发生性行为时会考虑道德问题。	1	2	3	4	5
34. 我认为为了满足自己的一时生理需要而与人发生性关系是不可取的。	1	2	3	4	5

十二、高中生婚恋观调查问卷

亲爱的同学：

您好！欢迎参加关于"高中生婚恋观"的调查研究。本书所有问题的选项无对错、好坏之分，仅供科学研究用。我们采用匿名方式，并且承诺绝对保密。请您根据自己的实际情况填写，这对本书研究很重要，衷心感谢您的支持和合作！

注意事项：

● 下面是一些描述高中生对待婚恋问题的看法，请您根据其与自己的符合程度，在问卷上用"√"标出一个相应的数字，数字含义具体如下：

1. 非常不符合；2. 比较不符合；3. 不确定；4. 比较符合；5. 非常符合

● 除非您认为其他选项确实都不符合您的真实想法，否则，请尽量不要选择"不确定"。在您读完每一个问题后，不要花费时间去反复考虑，请根据您的第一感觉做出选择。

● 每一个问题都需要回答，限选一个。

1. 您的年级：

①高一　　　　　　　　　②高二

③高三

2. 您的性别是：

①男　　　　　　　　　　②女

3. 您是否独子：

①是　　　　　　　　　　②否

4. 您的民族是：

①汉族　　　　　　　　　②少数民族

5. 您的学习科类属于：

①文科　　　　　　　　　②理科

③艺术类 ④医科

⑤工科

6. 您来自：

①城市 ②城镇

③农村

7. 您父母的婚姻状况：

①正常 ②离异

③未离异但分居

8. 您认为您的父母间的婚姻关系：

①很好 ②一般

③很差

9. 您的居住情况：

①随父母一起生活 ②随父生活

③随母生活 ④随其他亲属生活

10. 您的父母常与您在一起交流有关婚恋与性爱的问题吗？

①是 ②否

1. 我认为结不结婚都无所谓。	1	2	3	4	5
2. 我认为自我做主的婚姻是好的婚姻。	1	2	3	4	5
3. 我认为找伴侣时，家人的意见很重要。	1	2	3	4	5
4. 我认为丈夫的社会地位应高于妻子。	1	2	3	4	5
5. 我认为人的一生只能有一个婚姻伴侣。	1	2	3	4	5
6. 我不能容忍婚前性行为。	1	2	3	4	5
7. 我认为性与爱一样，也需要忠诚，所以一个人同时只能有一个性伴侣。	1	2	3	4	5
8. 我渴望结婚，过上家庭生活。	1	2	3	4	5
9. 我认为我在找伴侣时会听从家人的安排。	1	2	3	4	5
10. 我认为为满足自己的好奇心而与人发生性关系是不可取的。	1	2	3	4	5

续表

11. 我不能容忍女生发生婚前性行为。	1	2	3	4	5
12. 我认为丈夫的经济收入应高于妻子。	1	2	3	4	5
13. 我认为在大学阶段最好谈一次恋爱。	1	2	3	4	5
14. 我认为现在谈恋爱可丰富我的恋爱经验。	1	2	3	4	5
15. 我认为婚姻在人生中不可缺少。	1	2	3	4	5
16. 我认为两人个性相符的婚姻是好的婚姻。	1	2	3	4	5
17. 我认为找伴侣一定要自己做主。	1	2	3	4	5
18. 我认为丈夫的文化水平应高于妻子。	1	2	3	4	5
19. 我认为离婚是不幸的。	1	2	3	4	5
20. 我认为与我发生性行为的伴侣一定要是个自己爱的人。	1	2	3	4	5
21. 我认为为满足自己的一时冲动而与人发生性关系是不可取的。	1	2	3	4	5
22. 我认为在家庭中还是应该倡导"男主外，女主内"的观点。	1	2	3	4	5
23. 我认为我在发生性行为时会考虑对方的人品。	1	2	3	4	5
24. 我认为为了满足自己的经济需要而与人发生性关系是不可取的。	1	2	3	4	5
25. 我认为婚姻不适合我。	1	2	3	4	5
26. 我认为学校学习生活太枯燥，谈恋爱可以寻求一些新的刺激。	1	2	3	4	5
27. 我认为谈恋爱可以驱逐我内心的空虚。	1	2	3	4	5
28. 我认为结了婚就不要轻易离婚。	1	2	3	4	5
29. 我认为性生活和谐的婚姻是好的婚姻。	1	2	3	4	5
30. 我认为家人给我介绍的对象比自己找的更为合适。	1	2	3	4	5
31. 我认为丈夫应是一家之主。	1	2	3	4	5
32. 我认为婚姻就该天长地久。	1	2	3	4	5
33. 我认为我在发生性行为时会考虑道德问题。	1	2	3	4	5
34. 我认为为了满足自己的一时生理需要而与人发生性关系是不可取的。	1	2	3	4	5

参考文献

[1] 蔡敏. 当代大学生婚恋观的测评与分析 [J]. 教育科学, 2013, 29 (2): 63-69.

[2] 陈猛. 互联网使用、自我认同与青少年心理健康 [D]. 首都师范大学博士学位论文, 2005.

[3] 戴慧珊. 上海市某中职学校护理学生专业认同与学习适应性研究 [D]. 复旦大学硕士学位论文, 2013.

[4] 方文. 转型心理学：以群体资格为中心 [J]. 中国社会科学, 2008 (4): 137-146.

[5] 费穗宇, 张潘仕. 社会心理学辞典 [M]. 石家庄: 河北人民出版社, 1988.

[6] 冯锐, 李亚娇. 大学生网络社交方式及社交行为特征分析 [J]. 扬州大学学报（高教研究版）, 2014 (6): 75-82.

[7] 耿萌萌. 中职院校学前教育专业学生专业认同研究——以江西省DZ学校为例 [D]. 江西农业大学硕士学位论文, 2015.

[8] 郭镔玮. 太原市大学生职业价值观调查研究——以本科生为例 [D]. Doctoral Dissertation, 山西财经大学博士学位论文, 2015.

[9] 郭金山. 西方心理学自我同一性概念的解析 [J]. 心理科学进展, 2003, 11 (2): 227-234.

[10] 郭胜忠, 张朝辉, 何静. 采矿工程专业大学生专业认同感研究

[J]. 校园心理, 2010, 8 (5): 312-313.

[11] 郭淑斌, 黄希庭. 社会比较的动力: 动机与倾向性 [J]. 西南大学学报 (社会科学版), 2010, 36 (4): 14-18.

[12] 韩静. 社会认同理论研究综述 [J]. 山西煤炭管理干部学院学报, 2009 (1): 55-57.

[13] 黄芬. 中职学校酒店管理专业认同调查研究 [J]. 中国冶金教育, 2017 (3): 79-81.

[14] 霍娜, 李超平. 工作价值观的研究进展与展望 [J]. 心理科学进展, 2009, 17 (4): 795-801.

[15] 姜永志, 白晓丽, 阿拉坦巴根, 刘勇, 李敏, 刘桂芹. 青少年问题性社交网络使用 [J]. 心理科学进展, 2016, 24 (9): 1435-1447.

[16] 蒋建国. 微信成瘾: 社交幻化与自我迷失 [J]. 南京社会科学, 2014 (11): 96-102.

[17] 金盛华, 李雪. 大学生职业价值观: 手段与目的 [J]. 心理学报, 2005, 37 (5): 650-657.

[18] 雷文斌. 师院女大学生的婚恋观调查 [J]. 考试周刊, 2015 (79): 154-155.

[19] 李董平, 张卫, 李丹黎, 王艳辉, 甄霜菊. 教养方式、气质对青少年攻击的影响: 独特、差别与中介效应检验 [J]. 心理学报, 2012, 44 (2): 211-225.

[20] 李翔昊. SNS 浪潮: 拥抱社会化网络的新变革 [M]. 北京: 人民邮电出版社, 2010.

[21] 李友梅. 重塑转型期的社会认同 [J]. 社会学研究, 2007 (2): 183-186.

[22] 李致莹. 职能治疗专业认同感之探讨 [J]. 医学教育, 2006, 10 (3): 197-208.

[23] 凌文辁,方俐洛,白利刚.我国大学生的职业价值观研究[J].心理学报,1999,31(3):342-348.

[24] 刘彩玲.浅析美国婚恋观对在校大学生的影响[J].伦理学研究,2010(5):69-71.

[25] 刘彦华,李鑫,曾宪翠.新时期大学生恋爱观的调查与思考[J].教育科学,2007,23(4):74-77.

[26] 卢淑华.婚姻观的统计分析与变迁研究[J].社会学研究,1997(2):37-47.

[27] 陆士桢.当代中国青年网络政治参与的深度研究[J].青年探索,2014(6):5-11.

[28] 吕厚超,缪黎.大学生职业价值观问卷的初步编制[J].中国青年研究,2008(3):67-70.

[29] 宁维卫.中国城市青年职业价值观研究[J].成都大学学报(社会科学版),1996(4):10-12.

[30] 牛更枫,孙晓军,周宗奎,孔繁昌,田媛.基于qq空间的社交网站使用对青少年抑郁的影响:上行社会比较和自尊的序列中介作用[J].心理学报,2016,48(10):1282-1291.

[31] 彭将霞,刘成斌.道德越轨与法律越轨——从法社会学的视角看大学生同居现象[J].中国青年研究,2003(7):65-69.

[32] 彭艳红.高师小学教育本科专业学生专业认同的研究[D].西南大学硕士学位论文,2008.

[33] 秦攀博.大学生专业认同的特点及其相关研究[D].西南大学博士学位论文,2009.

[34] 秦云峰,朱秀珍.从性自由到性规范:与大学生谈性[M].呼和浩特:内蒙古人民出版社,1997.

[35] 邱吉,翟文忠,杨奎,王佳菲,王东,徐婷,宋锡辉.当代大

学生价值观特征、现状分析[J].教学与研究,2011(3),28-37.

[36] 任慧英,张静.大学生同居现象与性健康教育[J].当代青年研究,2005(10):51-53.

[37] 沙莲香.社会学家的沉思:中国社会文化心理[M].北京:中国社会出版社,1998.

[38] 苏红,任永进.国内外大学生婚恋观研究综述[J].河南科技学院学报,2008(2):81-83.

[39] 苏红.大学生婚恋观结构、特点及影响因素研究[D].西南大学博士学位论文,2006.

[40] 唐冰寒.网络暴力对青少年越轨行为的影响:以风险社会理论为考察视角[J].中国青年研究,2015(4):44-47.

[41] 王顶明,刘永存.硕士研究生专业认同调查[J].中国高教研究,2007,24(8):18-22.

[42] 王飞.当代青年的婚恋观及其影响因素分析——基于17~34岁年龄段的青年调查数据[J].中国青年研究,2015(7):73-76.

[43] 王勤,梁丽.改革开放以来女大学生价值观的变迁[J].中国青年研究,2011(11):32-36.

[44] 王伟,王兴超,雷雳,付晓洁.移动社交媒介使用行为对青少年友谊质量的影响:网络自我表露和网络社会支持的中介作用[J].心理科学,2017(4):870-877.

[45] 温忠麟,叶宝娟.中介效应分析:方法和模型发展[J].心理科学进展,2014,22(5):731-745.

[46] 吴波,黄希庭.因满足而幸福:婚姻期待研究回顾与展望[J].心理科学进展,2012,20(7):154-165.

[47] 夏颖.护理专业本科生专业认同研究[D].上海交通大学硕士学位论文,2010.

[48] 谢若荧.青少年对社交网络的使用与政治参与行为的关系[J].新闻传播,2015(23):109-110.

[49] 邢淑芬,俞国良.社会比较研究的现状与发展趋势[J].心理科学进展,2005,13(1):78-84.

[50] 杨晶.高师学生教师专业认同内涵研究[J].科技信息,2007(34):181.

[51] 杨南丽.从大学生婚恋观现状看高校婚恋观教育——以对云南大学生婚恋观调查与分析为例[J].昆明大学学报,2007,18(1):66-69.

[52] 杨淑萍,杨俊平.女大学生婚恋观研究[J].教育理论与实践,2013(33):14.

[53] 姚琦,马华维,阎欢,陈琦.心理学视角下社交网络用户个体行为分析[J].心理科学进展,2014,22(10):1647-1659.

[54] 余华,黄希庭.大学生与内地企业员工职业价值观的比较研究[J].心理科学,2000,23(6):739-740.

[55] 张春兴.张氏心理学辞典[M].上海:上海辞书出版社,1992.

[56] 张国华.当代大学生价值观的时代特征[J].江苏高教,2008(1):125-126.

[57] 张锦涛,陈超,王玲娇,刘璐,刘凤娥,赵会春等.大学新生网络使用时间与网络成瘾的关系:有中介的调节模型[J].心理学报,2014,46(10):1521-1533.

[58] 张静.社会身份的结构性失位问题[J].社会学研究,2010(6):41-57.

[59] 张秋丽,孙青青,郑涌.婚恋关系中的相似性匹配及争议[J].心理科学,2015,38(3):748-756.

[60] 张文宏,雷开春.城市新移民社会认同的结构模型[J].社会学研究,2009(4):61-87.

[61] 张莹瑞, 佐斌. 社会认同理论及其发展 [J]. 心理科学进展, 2006, 14 (3): 475-480

[62] 赵冰洁. 大学生婚恋观的调查与研究 [J]. 中国临床心理学杂志, 2002, 10 (2): 111-113.

[63] 赵以文, 袁潇, 李永娟. 中职学生专业认同、学习动机和专业课成绩之间的关系: 自我控制的调节作用 [J]. 人类工效学, 2016, 22 (1): 16-20.

[64] 郑夕春. 当代大学生性观念与性道德调查报告 [J]. 中国青年研究, 2005 (9): 56-59.

[65] 周锋, 孙卫, 张颖超, 尚福菊. 创业团队自省性对创业绩效的影响——创业环境动态性的中介作用 [J]. 科技进步与对策, 2014 (8): 152-155.

[66] 周浩, 龙立荣. 共同方法偏差的统计检验与控制方法 [J]. 心理科学进展, 2004, 12 (6): 942-950.

[67] 周宗奎, 刘勤学. 网络心理学: 行为的重构 [J]. 中国社会科学评价, 2016 (3): 55-67.

[68] 左红梅. 当代大学生婚恋存在的问题及教育对策 [J]. 国家教育行政学院学报, 2011 (11): 72-75.

[69] Alabi, O. F. A survey of Facebook addiction level among selected Nigerian university undergraduates [J]. New Media and Mass Communication, 2012 (10): 70-80.

[70] Alvarez, L., Jaffe, K. Narcissism guides mate selection: Humans mate assortatively, as revealed by facial resemblance, following an algorithm of "self seeking like" [J]. Evolutionary Psychology, 2004, 2 (1): 7-14.

[71] Andreassen, C. S. Online social network site addiction: A comprehensive review [J]. Current Addiction Reports, 2015, 2 (2): 175-184.

[72] Appel, H., Gerlach, A. L., Crusius, J. The interplay between facebook use, social comparison, envy, and depression [J]. Current Opinion in Psychology, 2016 (9): 44-49.

[73] Ashmore, R. D., Deaux, K. An organizing framework for collective identity: Articulation and significance of multidimensionality [J]. Psychological Bulletin, 2004, 130 (1): 80-114.

[74] Barker, V. A generational comparison of social networking site use: The influence of age and social identity [J]. International Journal of Aging & Human Development, 2012, 74 (2): 163.

[75] Barker, V. Older adolescents' motivations for social network site use: The influence of gender, group identity, and collective self-esteem [J]. Cyberpsychology & Behavior the Impact of the Internet Multimedia & Virtual Reality on Behavior & Society, 2009, 12 (2): 209.

[76] Boyd, D. M., Ellison, N. B. Social network sites: Definition, history, and scholarship [J]. Journal of Computer-mediated Communication, 2007, 38 (3): 16-31.

[77] Brantley, A. When and why gender differences in saying "i love you" among college students [J]. College Student Journal, 2002, 36 (4).

[78] Brown, K. W., Kasser, T. (2005). Are psychological and ecological well-being compatible? The role of values, mindfulness, and lifestyle [J]. Social Indicators Research, 2005, 74 (2): 349-368.

[79] Bruce C. McKinney, Lynne Kelly, Robert L. Duran. Narcissism or openness? College students' use of facebook and twitter [J]. Communication Research Reports, 2012, 29 (2): 108-118.

[80] Carroll, J. S., Dean, L. R., Call, L. L., Busby, D. M. Materialism and marriage: Couple profiles of congruent and incongruent spouses [J].

Journal of Couple & Relationship Therapy, 2011, 10 (4): 287-308.

[81] Carver, A. B., Mccarty, J. A. Personality and psycho-graphics of three types of gamblers in the united states [J]. International Gambling Studies, 2013, 13 (3): 338-355.

[82] Chan, K., Prendergast, G. Materialism and social comparison among adolescents [J]. Social Behavior & Personality An International Journal, 2007, 35 (2): 213-228.

[83] Chia-an chao. Toward full participation in management consulting practice: Experiences of recent college graduates [J]. Education and Training, 2005 (47): 13-18.

[84] Chou, H. T., Edge, N. "They are happier and having better lives than i am": the impact of using facebook on perceptions of others' lives [J]. Cyberpsychology Behavior & Social Networking, 2012, 15 (2): 117.

[85] Chu, S. C. Materialism, attitudes, and social media usage and their impact on purchase intention of luxury fashion goods among american and arab young generations [J]. Journal of Interactive Advertising, 2013, 13 (1): 27-40.

[86] Cruwys, T., Haslam, S. A., Dingle, G. A., Haslam, C., Jetten, J. Depression and social identity: An integrative review [J]. Personality & Social Psychology Review An Official Journal of the Society for Personality & Social Psychology Inc, 2014, 18 (3): 215.

[87] David Lazer, Alex Pentland, Lada Adamic, et al. Life in the network: The coming age of computational social science [J]. Science, 2009, 323 (5915): 721-723.

[88] Deci, E. L., Koestner, R., Ryan, R. M. A meta-analytic review of experiments examining the effects of extrinsic rewards on intrinsic motivation

[J]. Psychological Bulletin, 1999, 125 (6): 627.

[89] Deckop, J. R., Giacalone, R. A., Jurkiewicz, C. L. Materialism and workplace behaviors: Does wanting more result in less? [J]. Social Indicators Research, 2015, 121 (3): 1-17.

[90] Deckop, J. R., Jurkiewicz, C. L., Giacalone, R. A. Effects of materialism on work-related personal well-being [J]. Human Relations, 2010, 63 (7): 1007-1030.

[91] Dijkstra, P., Barelds, D. P. Do people know what they want: A similar or complementary partner? [J]. Evolutionary Psychology, 2008, 6 (4): 7-14.

[92] Dittmar, H., Bond, R., Hurst, M., Kasser, T. The relationship between materialism and personal well-being: A meta-analysis [J]. Journal of Personality & Social Psychology, 2014, 107 (5): 879-924.

[93] Donnelly, G., Iyer, R., Howell, R. T. The big five personality traits, material values, and financial well-being of self-described money managers [J]. Journal of Economic Psychology, 2012, 33 (6): 1129-1142.

[94] Duriez, B., Vansteenkiste, M., Soenens, B., De, W. H. The social costs of extrinsic relative to intrinsic goal pursuits: Their relationship with social dominance and racial and ethnic prejudice [J]. Journal of Personality, 2007, 75 (4): 757-782.

[95] Eastwick, P. W., Luchies, L. B., Finkel, E. J., Hunt, L. L. The predictive validity of ideal partner preferences: A review and meta-analysis [J]. Psychological Bulletin, 2014, 140 (3): 623.

[96] Echeburúa, E., De, C. P. Addiction to new technologies and to online social networking in young people: A new challenge [J]. Adicciones, 2010, 22 (2): 91-95.

[97] Elizur, D., Sagie, A. Facets of personal values: A structural analysis of life and work values [J]. Applied Psychology, 1999, 48 (1): 73-87.

[98] Ellemers N., Spears R., Doosje B. Self and social identity [J]. Annual Review of Psychology, 2002 (53), 161-186.

[99] Ellison, N. B., Steinfield, C., Lampe, C. The benefits of facebook "friends": Social capital and college students' use of online social network sites [J]. Journal of Computer-mediated Communication, 2007, 12 (4): 1143-1168.

[100] Erceg-Hurn, D. M., Mirosevich, V. M. Modern robust statistical methods: An easy way to maximize the accuracy and power of your research [J]. American Psychologist, 2008, 63 (7): 591-601.

[101] Feinstein, B. A., Hershenberg, R., Bhatia, V., Latack, J. A., Meuwly, N., Davila, J. Negative social comparison on facebook and depressive symptoms: Rumination as a mechanism [J]. Psychology of Popular Media Culture, 2013, 2 (3): 161-170.

[102] Festinger, Leon. Social pressures in informal groups: A study of human factors in housing [M]. Stanford University Press, 1954.

[103] Field, C. J., Kimuna, S. R., Straus, M. A. Attitudes toward interracial relationships among college students race, class, gender, and perceptions of parental views [J]. Journal of Black Studies, 2013, 44 (7): 741-776.

[104] Flanagan, C. A., Gallay, L. S., Gill, S., Gallay, E., Nti, N. What does democracy mean? [J]. Journal of Adolescent Research, 2005, 20 (2): 193-218.

[105] Foulkes, L., Seara-Cardoso, A., Neumann, C. S., Rogers, J. S. C., Viding, E. Looking after number one: Associations between psycho-

pathic traits and measures of social motivation and functioning in a community sample of males [J]. Journal of Psychopathology & Behavioral Assessment, 2014, 36 (1): 22-29.

[106] Gibbons, F. X., Buunk, B. P. Individual differences in social comparison: Development of a scale of social comparison orientation [J]. Journal of Personality & Social Psychology, 1999, 76 (1): 129.

[107] Gibbons, F. X., Gerrard, M., Lando, H. A., Mcgovern, P. G. Social comparison and smoking cessation: The role of the "typical smoker" [J]. Journal of Experimental Social Psychology, 1991, 27 (3): 239-258.

[108] Grieve, R., Indian, M., Witteveen, K., Tolan, G. A., Marrington, J. Face-to-face or facebook: Can social connectedness be derived online? [J]. Computers in Human Behavior, 2013, 29 (3): 604-609.

[109] Haferkamp, N., Kr-mer, N. C. Social comparison 2.0: Examining the effects of online profiles on social-networking sites [J]. Cyberpsychology Behavior & Social Networking, 2011, 14 (5): 309-314.

[110] Henderson-King, D., Brooks, K. D. Materialism, sociocultural appearance messages, and paternal attitudes predict college women's attitudes about cosmetic surgery [J]. Psychology of Women Quarterly, 2009, 33 (1): 133-142.

[111] Henning, Salling, Olesen. Professional identity as learning processes in life histories [J]. Journal of Workplace Leaning, 2001 (13): 7-8.

[112] Hong, S., Jr, T. E., Kim, E. A., Kim, B., Wise, K. The real you? The role of visual cues and comment congruence in perceptions of social attractiveness from facebook profiles [J]. Cyberpsychology Behavior & Social Networking, 2012, 15 (7): 339-344.

[113] Hurst, M., Dittmar, H., Bond, R., Kasser, T. The relation-

ship between materialistic values and environmental attitudes and behaviors: A meta-analysis [J]. Journal of Environmental Psychology, 2013, 36 (36): 257-269.

[114] Indian, M., Grieve, R. When facebook is easier than face-to-face: Social support derived from facebook in socially anxious individuals [J]. Personality & Individual Differences, 2014, 59 (2): 102-106.

[115] Jaspers, E. D., Pieters, R. G. Materialism across the life span: An age-period-cohort analysis [J]. Journal of Personality & Social Psychology, 2016, 111 (3): 451.

[116] Kalpidou, M., Costin, D., Morris, J. The relationship between facebook and the well-being of undergraduate college students [J]. Cyberpsychology Behavior & Social Networking, 2010, 14 (4): 183-189.

[117] Kasser, T. Materialistic values and goals [J]. Annual Review of Psychology, 2015, 67 (1): 489-514.

[118] Kasser, T., Ryan, R. M. Be careful what you wish for: Optimal functioning and the relative attainment of intrinsic and extrinsic goals [J]. American Psychologist, 2001 (1): 116-131.

[119] Kasser, T., Ryan, R. M. Further examining the american dream: Differential correlates of intrinsic and extrinsic goals [J]. Personality & Social Psychology Bulletin, 1996, 22 (3): 280-287.

[120] Katz, J., Schneider, M. E. Casual hook up sex during the first year of college: Prospective associations with attitudes about sex and love relationships [J]. Archives of Sexual Behavior, 2013, 42 (8): 1451-1462.

[121] Kevin B. Wright, Jenny Rosenberg, Nicole Egbert, Nicole A. Ploeger, Daniel R. Bernard, Shawn King. Communication competence, social support, and depression among college students: A model of facebook and

face-to-face support network influence [J]. Journal of Health Communication, 2013, 18 (1): 41.

[122] Kim, J. H., Seo, M., David, P. Alleviating depression only to become problematic mobile phone users [J]. Elsevier Science Publishers B. V., 2015.

[123] Kolodinsky, R. W., Madden, T. M., Zisk, D. S., Henkel, E. T. Attitudes about corporate social responsibility: Business student predictors [J]. Journal of Business Ethics, 2010, 91 (2): 167-181.

[124] Kross, E., Verduyn, P., Demiralp, E., Park, J., Lee, D. S., Lin, N., et al. Facebook use predicts declines in subjective well-being in young adults [J]. Plos One, 2013, 8 (8): e69841.

[125] Levine, M., Prosser, A., Evans, D., Reicher, S. Identity and emergency intervention: How social group membership and inclusiveness of group boundaries shape helping behavior [J]. Personality & Social Psychology Bulletin, 2005, 31 (4): 443.

[126] Luhtanen, R., Crocker, J. A collective self-esteem scale: Self-evaluation of one's social identity [J]. Personality & Social Psychology Bulletin, 1992, 18 (3): 302-318.

[127] Macklin, E. D. Heterosexual cohabitation among unmarried college students [J]. Family Coordinator, 1972, 21 (4): 463-472.

[128] Madsen, Wendy. Under a capricorn sky: A history of nursing in central Queensland [R]. 2008.

[129] Martin, P. D., Martin, D., Martin, M. Adolescent premarital sexual activity, cohabitation, and attitudes toward marriage [J]. Adolescence, 2001, 36 (143): 601-619.

[130] Mccord, B., Rodebaugh, T. L., Levinson, C. A. Facebook:

Social uses and anxiety [J]. Computers in Human Behavior, 2014, 34 (34): 23-27.

[131] Mcewan, B. Sharing, caring, and surveilling: An actor-partner interdependence model examination of facebook relational maintenance strategies [J]. Cyberpsychology Behavior & Social Networking, 2013, 16 (12): 863.

[132] Mchoskey, J. W. Machiavellianism, intrinsic versus extrinsic goals, and social interest: A self-determination theory analysis [J]. Motivation & Emotion, 1999, 23 (4): 267-283.

[133] Metzger, M. J., Wilson, C., Pure, R. A., Zhao, B. Y. Invisible interactions: What latent social interaction can tell us about social relationships in social networking sites [J]. Cs.ucsb.edu, 2011 (1): 7-14.

[134] Moreau, A., Laconi, S., Delfour, M., Chabrol, H. Psychopathological profiles of adolescent and young adult problematic facebook users [J]. Computers in Human Behavior, 2014 (44): 64-69.

[135] Mussweiler, T., Ruter, K., Epstude, K. The ups and downs of social comparison: Mechanisms of assimilation and contrast [J]. Journal of Personality & Social Psychology, 2004, 87 (6): 832-44.

[136] Nehami. Baum Social students cope with terror [J]. Clinical Social Work Journal New York, 2004 (32): 395.

[137] Norris, J. I., Lambert, N. M., Dewall, C. N., Fincham, F. D. Can't buy me love? Anxious attachment and materialistic values [J]. Personality & Individual Differences, 2012, 53 (5): 666-669.

[138] Oh, H. J., Ozkaya, E., Larose, R. How does online social networking enhance life satisfaction? The relationships among online supportive interaction, affect, perceived social support, sense of community, and life satisfaction [J]. Computers in Human Behavior, 2014, 30 (1): 69-78.

[139] Pempek, T. A., Yermolayeva, Y. A., Calvert, S. L. College students'social networking experiences on Facebook [J]. Journal of Applied Developmental Psychology, 2009, 30 (3): 227-238.

[140] Pieters, R. Bidirectional dynamics of materialism and loneliness: Not just a vicious cycle [J]. Journal of Consumer Research, 2013, 40 (4): 615-631.

[141] Promislo, M. D., Deckop, J. R., Giacalone, R. A., Jurkiewicz, C. L. Valuing money more than people: The effects of materialism on work-family conflict[J]. Journal of Occupational & Organizational Psychology, 2011, 83 (4): 935-953.

[142] Qiu, L., Lin, H., Leung, A. K., Tov, W. Putting their best foot forward: Emotional disclosure on facebook[J]. Cyberpsychology Behavior & Social Networking, 2012, 15 (10): 569.

[143] Richins, M. L., Dawson, S. A consumer values orientation for materialism and its measurement: Scale development and validation [J]. Journal of Consumer Research, 1992, 19 (3): 303-316.

[144] Robinson, C. H. A psychometric evaluation of super's work values inventory-revised [J]. Journal of Career Assessment, 2008, 16 (4): 456-473.

[145] Salts, C. J., Seismore, M. D., Lindholm, B. W., Smith, T. A. Attitudes toward marriage and premarital sexual activity of college freshmen [J]. Adolescence, 1994, 29 (116): 775.

[146] Sang, Y. L. How do people compare themselves with others on social network sites? The case of facebook [J]. Computers in Human Behavior, 2014, 32 (C): 253-260.

[147] Schwartz, S. H. A theory of cultural values and some implications for work [J]. Applied Psychology, 1999, 48 (1): 23-47.

[148] Sheldon, K. M., Kasser, T. Coherence and congruence: Two aspects of personality integration [J]. Journal of Personality & Social Psychology, 1995, 68 (3): 531-543.

[149] Sheldon, K. M., Mcgregor, H. A. Extrinsic value orientation and "the tragedy of the commons" [J]. Journal of Personality, 2000, 68 (2): 383.

[150] Shulman, S., Connolly, J. The challenge of romantic relationships in emerging adulthood reconceptualization of the field [J]. Emerging Adulthood, 2013, 1 (1): 27-39.

[151] Simons, L. G., Burt, C. H., Tambling, R. B. Identifying mediators of the influence of family factors on risky sexual behavior [J]. Journal of Child and Family Studies, 2013, 22 (4): 460-470.

[152] Sirgy, M. J., Gurel-Atay, E., Webb, D., Cicic, M., Husic-Mehmedovic, M., Ekici, A., et al. Is materialism all that bad? Effects on satisfaction with material life, life satisfaction, and economic motivation [J]. Social Indicators Research, 2013, 110 (1): 349-366.

[153] Smock, A. D., Ellison, N. B., Lampe, C., Wohn, D. Y. Facebook as a toolkit: A uses and gratification approach to unbundling feature use [J]. Computers in Human Behavior, 2011, 27 (6): 2322-2329.

[154] Solberg, E. G., Diener, E., Robinson, M. D. Why are materialists less satisfied? [J]. Processes, 2004 (1): 29-48.

[155] Song, H. S., Cannon, W. R., Beliaev, A. S., Konopka, A. Mathematical modeling of microbial community dynamics: A methodological review [J]. Processes, 2014, 2 (4): 711-752.

[156] Sprecher, S., Treger, S., Sakaluk, J. K. Premarital sexual standards and sociosexuality: Gender, ethnicity, and cohort differences [J]. Archives of Sexual Behavior, 2013, 42 (8): 1395-1405.

[157] Srivastava, A., Locke, E. A., Bartol, K. M. Money and subjective well-being: It's not the money, it's the motives[J]. Journal of Personality & Social Psychology, 2001, 80 (6): 959.

[158] Steinfield, C., Ellison, N. B., Lampe, C. Social capital, self-esteem, and use of online social network sites: A longitudinal analysis [J]. Journal of Applied Developmental Psychology, 2008, 29 (6): 434-445.

[159] Subrahmanyam, K., Reich, S.M., Waechter, N. Espinoza, G. Online and offline social networks: Use of social networking sites by emerging adults [J]. Journal of Applied Developmental Psychology, 2008, 29 (6): 420-433.

[160] Tajfel, H., Turner, J. C. The social identity theory of intergroup behavior [J]. Political Psychology, 1986, 13 (3): 276-293.

[161] Tanti, C., Stukas, A. A., Halloran, M. J., Foddy, M. Social identity change: Shifts in social identity during adolescence [J]. Journal of Adolescence, 2011, 34 (3): 555-567.

[162] Tausch, N., Becker, J. C. Emotional reactions to success and failure of collective action as predictors of future action intentions: A longitudinal investigation in the context of student protests in germany [J]. British Journal of Social Psychology, 2013, 52 (3): 525-542.

[163] Theodorson, G. A., Theodorson, A. G. A modern dictionary of sociology [J]. British Journal of Sociology, 1969, 3 (2).

[164] Tracy, L. Cross from the editor desk [J]. Journal for the Education of the Gifted, 2006 (29): 269.

[165] Trinh, S. L., Ward, L. M., Day, K., Thomas, K., Levin, D. Contributions of divergent peer and parent sexual messages to Asian American college students' sexual behaviors [J]. The Journal of Sex Research,

2014, 51 (2): 208-220.

[166] Tynes, B. M., Mitchell, K. J. Black youth beyond the digital divide: Age and gender differences in internet use, communication patterns, and victimization experiences [J]. Journal of Black Psychology, 2014, 40 (3): 291-307.

[167] Valkenburg, P. M., Peter, J., Schouten, A. P. Friend networking sites and their relationship to adolescents' well-being and social self-esteem [J]. Cyberpsychology & behavior: The Impact of the Internet, Multimedia and Virtual Reality on Behavior and Society, 2006, 9 (5): 584.

[168] Vansteenkiste, M., Duriez, B., Simons, J., Soenens, B. Materialistic values and well-being among business students: Further evidence of their detrimental effect [J]. Journal of Applied Social Psychology, 2006, 36 (12): 2892-2908.

[169] Vitak, J., Ellison, N. B. "There's a network out there you might as well tap": Exploring the benefits of and barriers to exchanging informational and support-based resources on facebook [J]. New Media & Society, 2013, 15 (2): 243-259.

[170] Vogel, E. A., Rose, J. P., Roberts, L. R., Eckles, K. Social comparison, social media, and self-esteem [J]. Psychology of Popular Media Culture, 2014, 3 (4): 206-222.

[171] Vrangalova, Z. Does casual sex harm college students' well-being? A longitudinal investigation of the role of motivation [J]. Archives of Sexual Behavior, 2015, 44 (4): 945-959.

[172] Welmond, M. Globalization viewed from the periphery: The dynamics of teacher identity in the Republic of Benin [J]. Comparative Education Review, 2002, 46 (1): 37-65.

[173] Wood, J. V. What is social comparison and how should we study it? [J]. Personality & Social Psychology Bulletin, 1996, 22 (5): 520-537.

[174] Wood, J. V., Wilson, A. E. How important is social comparison? [J]. Journal of Business Ethics, 2003 (1): 344-366.

[175] Yoon, S. J. Does social capital affect sns usage? A look at the roles of subjective well-being and social identity [J]. Computers in Human Behavior, 2014, 41 (41): 295-303.

[176] Zhao, S., Grusmucka, S., Martina, J. Identity construction on Facebook: Digital empowermentin anchored relationships [J]. Computers in Human Behavior, 2008, 24 (5): 1816-1836.

[177] Zomeren, M. V., Spears, R., Leach, C. W. Exploring psychological mechanisms of collective action: Does relevance of group identity influence how people cope with collective disadvantage [J]. British Journal of Social Psychology, 2008, 47 (2): 353-372.